Souvenirs
de la Guerre

FRANCO-ALLEMANDE

1870

CHASSEURS A PIED

La 2me du 14me Alpins

NICE

IMPRIMERIE, LITHOGRAPHIE ET PAPETERIE J. VENTRE

1, Place de la Préfecture et 15, rue de la Préfecture

—

1913

PROLOGUE

Armée de Lyon, 1870.

Au printemps de 1870, vers 11 heures du matin, les officiers du 14ᵉ Bataillon de Chasseurs à pied, dont je faisais partie comme capitaine, étaient réunis, suivant leur habitude après leur déjeuner, lors de leur séjour au Camp de Sathonay, au Café (X) sur le front de bandière.

Les uns jouaient, soit aux cartes, soit aux dominos, soit au Jacquet, en dégustant leur café ; quelques uns lisaient les journaux. J'étais de ces derniers ce jour-là, contrairement à l'habitude, lorsque je fus brusquement interpellé par mes camarades, ce qui amena l'incident suivant :

Un individu de mise et de tenue correctes, se tenait debout près d'eux, me fixant en souriant. C'était un chiromancien qui venait d'exercer son industrie en étudiant successivement les mains de mes camarades et ceux-ci, édifiés sur leur destinée, m'invitaient bruyamment à suivre leur exemple, et m'avaient signalé à l'opérateur.

Fataliste et incrédule, je suis antipathique à ces excès de curiosité. En effet, si la prédiction est favorable, et qu'elle ne se réalise pas, c'est une déception ; si elle est défavorable, elle devient un sujet de continuelles et lancinantes obsessions.

Comme ils insistaient malicieusement, je cédai et vint livrer mes mains à l'opérateur. Il les étudia attentivement, analysant ce qu'il appelait la ligne de vie de chacune d'elles et rendit l'arrêt suivant :

« Dans peu de temps, vous courrez un grand « danger, pouvant entraîner la mort. Voyez cette « ligne de vie interrompue ».... Je n'en attendis pas davantage, et retirant brusquement mes mains des siennes je m'écriai : « En voilà assez... » et d'un ton bourru : « Je ne m'émeus pas de vos blagues ; « ma santé est parfaite, et comme le dénouement « tragique prédit est proche, dites-vous, je ne tarderai « pas à être fixé sur votre macabre prédiction..... « Merci bien..... »

Je lui remis le prix de sa consultation et repris nerveusement mon journal après avoir regagné ma place, non sans avoir jeté rageusement à mes camarades cette exclamation : « Êtes-vous satisfaits ?... »

Je lus leurs regrets dans leurs regards attristés.....

. . . .

Deux mois plus tard, le 15 juillet, la guerre était déclarée avec l'Allemagne ; le bataillon partait le 17 pour Bitche, lieu de concentration du 5e Corps d'armée, et le 16 août suivant à 7 heures du soir, je tombais grièvement blessé sur le champ de bataille de Rézonville.

Ma guérison fut laborieuse..... avec un brin de miracle...

Moralité : Je ne blague plus la chiromancie.

Un Conseil : Fuyez les chiromanciens.

INTRODUCTION

Grasse, 1905-1906.

J'étais allé passer l'hiver à Grasse, ce joyau parfumé de la Provence qui, étagé sur le versant d'une montagne, à l'abri des vents du Nord et réchauffé depuis l'aurore jusqu'à la nuit par les rayons d'un soleil bienfaisant, offre à l'hivernant, le séjour le plus sain et le plus agréable qu'on puisse rêver.

J'habitais dans le plus beau quartier de la ville, boulevard Victor-Hugo, une villa ornée d'une terrasse fleurie d'où je dominais un panorama d'une ampleur et d'une beauté sans égale.

Au Midi, s'étendait un vaste plateau couvert de champs de roses, de jasmins, de tubéreuses, bordés d'orangers, de citronniers, de mimosas, de toutes plantes, de toutes fleurs odorantes qui embaument l'atmosphère et fournissent à la ville de Grasse qui les distille, ses parfums renommés et ses richesses ; et au-delà, à perte de vue, Cannes et la grande Bleue ; au Couchant, des forêts d'oliviers toujours verts, de ce vert si reposant pour les yeux, puis les cîmes rougeâtres de l'Estérel dominant le golfe de la Napoule avec ses conques multiples et variées et bordées de ravissantes villas au pied desquelles, les frangeant de blanche écume, les flots de la Méditerranée au terme de leur course, viennent paresseusement mourir ; enfin, à ma gauche, du Sud au Nord, une ligne de collines boisées, séparées par de fertiles vallées, avec, à leur sommet de plantureux villages, limitent ce *Tout* verdoyant et parfumé, laissant percevoir à l'extrême horizon les gigantesques silhouettes des Alpes aux cimes neigeuses.

Comme diversion, à mes pieds, un long boulevard, le boulevard Victor-Hugo qui aboutit à un faubourg où se trouvent les bâtiments militaires occupés par un Bataillon de Chasseurs alpins.

De ma terrasse, assis au milieu d'un fouillis de fleurs et de verdure, je puis suivre les exercices de ce corps d'élite dans une immense cour ornée de jardins minuscules et d'allées bordées d'arbres d'essences choisies et saines, où l'espace libre est suffisant pour que tout le corps puisse y évoluer. Je puis assister aux revues, en suivre les détails avec une lorgnette, et percevoir très distinctement les sons guerriers ou harmoniques d'une excellente fanfare.

Un tel horizon panoramique excite une admiration inlassable, et provoque de douces rêveries.

C'est dans une de ces contemplations, par une belle matinée de mars, que le facteur de mon quartier vint me surprendre et me remettre une lettre, dont l'adresse, d'une écriture correcte, m'était inconnue. Elle était timbrée d'Embrun (Hautes-Alpes).

Je la lus avec la plus grande émotion ; la voici reproduite textuellement :

Embrun, le 3 mars 1906.

Mon Commandant,

Permettez à un inconnu d'avoir recours à votre obligeance pour recueillir des renseignements que seul vous pouvez lui fournir.

J'ai l'honneur de commander la 2ᵐᵉ compagnie du 14ᵐᵉ bataillon de chasseurs qui sous vos ordres à Rézonville, a écrit de son sang la plus belle page de l'histoire du Bataillon. — Aussi vous comprendrez mon désir de grouper dans des récits pour mes chasseurs, toutes les anecdotes capables de les intéresser et d'élever leur cœur. — Plus que jamais ils en ont besoin pour être affermis dans le devoir que des inconscients osent discuter.

Mon but excusera donc mon indiscrétion et c'est avec confiance que je viens m'adresser à vous.

Il faut que les hommes sâchent les beaux exemples de leurs aînés ; qu'ils apprennent aussi à connaître les misères et les souffrances qu'ils ont si courageusement supportées, afin que ces leçons si durement payées, ne soient pas sans profit pour l'avenir.

Afin de vous éviter trop de recherches, je vous adresserai, si vous le voulez bien. toutes les notes que j'ai pu recueillir jusqu'à ce jour.

Le général Dosse qui a pris le commandement de la Compagnie le 26 août, m'a donné de précieux renseignements sur le siège de Metz et l'affaire de Peltre. Mais je tiendrais à connaître en détail l'existence de la Compagnie depuis le commencement jusqu'au 16 août, date à laquelle vous en avez quitté par force le commandement.

Ce que je désirerais, ce sont des anecdotes vécues et par suite si intéressantes ; des détails capables de frapper l'imagination de mes jeunes chasseurs : la mort d'un tel tué aux avant-postes, comme le chasseur Meïder à Grossbliedersdorf ; le courage déployé par un autre en telle ou telle circonstance ; une alerte ; le premier engagement, etc., etc., etc.. ; des détails même insignifiants de la vie en campagne -- toutes choses qu'on ne trouve pas dans les livres.

Enfin, et tout spécialement la journée du 16.

J'ai servi pendant dix ans au 6ᵐᵉ bataillon de chasseurs

et ne pensais pas que j'habitais dans la même garnison que l'ancien capitaine de ma compagnie nouvelle.

Excusez, je vous prie, l'appellation du début de ma lettre. Elle est très probablement fausse, mais je ne sais pas avec quel grade vous avez quitté l'armée.

Veuillez agréer, avec l'expression de ma reconnaissance anticipée, le témoignage de ma très respectueuse et profonde admiration.

A. DE REYNIÉS.
Capitaine au 14ᵐᵉ Alpins. — Embrun.

Ainsi que les ratures de l'enveloppe en témoignaient. Cette lettre m'avait cherché à Nice, puis à Vence et enfin à Grasse où elle m'était parvenue avec un grand retard.

Cette lecture faite avidement, je la recommençai en en savourant avec délices toutes ses phrases, tous les mots. — Au lieu des monotonies ambiantes de la vie civile, j'allais pour la deuxième fois depuis que j'avais quitté l'armée active, rentrer en relations avec Elle.

Toutefois, ce que me demandait cet officier dont le style décélait la distinction, et les pensées émises la haute élévation du caractère, était fort délicat.

Ma réponse devait être réfléchie et discrète. — Le passé qu'elle évoquerait, était lourd de révélations écrasantes pour un grand coupable, qui n'avait peut-être, pêché que par excès de vantardise, mais qui eut fâcheusement dénaturé ma mémoire si j'avais succombé comme il l'avait cru.

Garder un silence absolu m'était impossible : je ne pouvais sacrifier ma dignité de chef et de soldat à un scrupule exagéré. — Je répondrai donc, en épargnant le plus possible le Tartarin qui avait agi par esprit d'une gloriole injustifiée, me croyant disparu à jamais. — D'ailleurs j'avais pour devoir étroit de justifier les récompenses que j'avais payées de mon sang.

Cette réponse la voici :

Grasse, le 6 mars 1906.

MON CHER CAMARADE,

La lettre que vous m'avez fait l'honneur de m'adresser à Nice, que j'ai quittée depuis deux ans, me parvient seulement aujourd'hui à Grasse où je réside en ce moment pour quelques mois, après m'avoir cherché à Vence que j'ai habitée également, ce qui excusera ma réponse tardive.

Elle m'a profondément ému, venant du Chef actuel de la compagnie que j'ai commandée pendant dix ans, et avec laquelle j'ai pu traverser très honorablement la phase la plus critique de ma trop courte carrière militaire.

Que de souvenirs lointains elle a réveillés, que le temps écoulé n'a pu affaiblir. Je vais les revivre pour vous être agréable et servir le mieux que je pourrai, le but élevé que vous poursuivez. — Les documents ne me manquent pas.

Tout d'abord, je vous adresserai, dès qu'une occasion plus sûre que la poste se présentera, un petit dossier qui certainement vous intéressera et dont voici la genèse et la composition : La genèse d'abord :

Très grièvement blessé à Rézonville le 16 août, et désigné pour l'amputation du bras droit, j'avais essayé de gagner Metz dans un omnibus d'ambulance transportant des officiers supérieurs blessés. Je ne pus supporter le trajet et on me laissa mourant à Ars-sur-Moselle où je fus hospitalisé chez un contre-maître d'une grande usine de la localité. — Le lendemain, de nombreux blessés

dont quelques officiers furent également évacués sur cette
ville, et répartis entre les habitants.

Deux médecins civils nous prodiguèrent leurs soins.
Malheureusement, en même temps que ces blessés arri-
vèrent les prussiens et nous fûmes tous séparés de l'armée française, au pouvoir de l'ennemi, mais non ses
prisonniers. La convention de Genève garantissait notre
liberté dans la ville.

Je connaissais les clauses de cette convention, j'en in-
voquai les bénéfices pour moi et mes compagnons d'in-
fortune. Les prussiens eurent la prudence de les respec-
ter, du moins en faveur des grièvement atteints qui ne
pouvaient être évacués, sans danger pour leur existence.

Je restai à Ars. du 16 août à la fin d'octobre.

C'est dans cette période que je pus établir le dossier
que je vous annonce et qui comprend les lettres que
m'adressèrent d'Allemagne où ils étaient internés depuis
la capitulation de Metz : 1° le général Lapasset, commandant ma brigade ; le commandant Parlier, chef de
bataillon du 14ᵐᵉ chasseurs ; les capitaines Edon, Perrin
et Stéfani, seuls survivants, de ce grade, du bataillon.

Le capitaine Rondony avait été tué à Beaumont et le
capitaine Vuillemott avait signé le revers et était parti
pour l'Afrique où il mourut peu après son arrivée.

Ces lettres s'échelonnent du 20 octobre au 5 novembre [1].

Vous saurez en tirer des impressions vécues et du
moment.

Quand je rentrai en France en 1871, je revis le général
Lapasset qui me promit pour l'époque ou j'aurais recou-
vré l'usage de ma main droite, les documents qu'il pos-
sédait. Malheureusement, il mourut prématurément avant
ma guérison ; d'autre part, le commandant Parlier, près
duquel je vins passer quelques jours à Grenoble, ne me
demanda aucun rapport et vers l'époque où je me déci-
dais à écrire l'historique de ma compagnie ou plutôt de

---

(1) Ces lettres figurent à la suite de cette introduction.

mon ex-compagnie, *(j'avais été nommé Chef de Bataillon le 24 août, bien que disparu).* Dick de Loulay faisait paraître son ouvrage : « *Français et Allemands* », ouvrage fourmillant d'erreurs. J'ai été victime de l'une d'elles tellement étourdissante, que je dus renoncer à mon projet par crainte d'un scandale.

Dans ce livre où tant de Tartarins se sont taillé une page d'histoire, j'avais été escamoté au début de la bataille, et j'avais disparu comme une muscade dans un corps à corps avec l'ennemi, tué vraisemblablement : suivait l'énumération des hauts-faits de celui qui avait hérité, momentanément, de mon commandement.

Ce personnage a eu de la chance d'avoir affaire à un homme comme moi, ennemi du tapage et heureusement exempt de toute vanité.

Néanmoins je protestai vivement près de l'auteur, et j'ai conservé le brouillon de cette protestation que je joindrai au dossier que je vous destine. Il vous causera plus que de l'étonnement ; de la stupéfaction.

Entre temps, j'avais retrouvé à Tours, où je m'étais installé, quatre années après avoir pris ma retraite, soit en 1877, j'avais retrouvé, dis-je, simple gendarme, mon ancien sergent de tir en 1870, et l'avais prié de me faire par écrit, le récit de ce qui c'était passé à la compagnie, après ma disparition du champ de bataille. Cette pièce fera également partie du dossier que je vous destine. Cette rencontre eût d'heureux résultats pour nous deux : elle me permit de réparer une injustice, en faisant médailler ce sous-officier modèle, et elle m'éclaira sur l'origine du récit de Dick de Lonlay.

Je me résume : ennemi du scandale, j'ai gardé le silence jusqu'à ce jour, n'ayant jamais été invité par mes supérieurs à fournir un compte-rendu de la bataille du 16 août. Un fumiste et peut-être deux fumistes ont outrageusement exploité ma malechance et lésé bien des braves ; ils ont bénéficié de mon dégoût pour les exhumations posthumes.

Je n'ai connu la vérité que neuf ans après l'événement : c'était bien tard pour protester. Je ne le fais aujourd'hui que parce que vous m'en donnez l'occasion.

Veuillez compter, mon cher Camarade, sur mon empressement à vous seconder dans la noble tâche que vous poursuivez avec tant de zèle et de persévérance, et recevoir avec une cordiale étreinte, l'assurance de mon entier dévouement.

H. DE GARROS,
Commandant en retraite.

Cinq mois s'écoulèrent sans que mon correspondant inconnu me donnât signe de vie, et je crus comprendre que les commentaires de ma réponse à sa lettre l'avaient effrayé, et qu'il avait renoncé à poursuivre des recherches pouvant aboutir à un scandale.

Il n'en était rien, et le 3 août 1906, une nouvelle missive me parvenait. En voici la reproduction ; là il n'y est nullement question des révélations que j'avais cru devoir produire pour justifier l'absence de l'historique du mois tragique qui ouvrit la Campagne de 1870.

Châlet des Iscles, le 3 août 1906,
par « Val des Prés » (Hautes-Alpes)

MON COMMANDANT,

Comme suite à ma lettre de cet hiver, permettez-moi de vous adresser un très court résumé, bien sec, des marches et opérations de la Brigade Lapasset pendant les débuts de la Campagne de 1870.

J'ai puisé un peu partout : Histoire des Chasseurs à pied ; Historique des bataillons : Capitaine Richard.

2° Revue d'Histoire rédigée à la section historique de l'Etat-Major de l'armée. — Ce qu'il y a de plus exact, je crois.

3º Marches et opérations du 2ᵐᵉ Corps de l'Armée du Rhin : *Général Frossart.*

4º Enfin, le fameux Dick de Lonlay — dont j'ignorais la faible valeur historique.

Je désirerais vivement que vous vouliez bien mettre en marge vos rectifications. Si, enfin, vous pouvez me faire connaître sur les journées les plus intéressantes et avec une profusion de détails (il n'y en aura jamais assez) — les renseignements que vous seul êtes autorisé à nous donner, vous me feriez non seulement un sensible plaisir, mais ce serait encore une bonne œuvre, car la vérité doit être connue. — Elle seule est intéressante et instructive pour l'avenir.

Grâce à vous, je pourrai ainsi donner une tournure à cette première esquisse du rôle de cette belle 2ᵐᵉ, en attendant de la terminer avec les renseignements plus complets que vous avez bien voulu me promettre. — J'ai à cœur, en effet, de pouvoir faire à mes hommes un récit complet et anecdotique des actes de leurs Anciens.

C'est un double devoir que je serais heureux d'accomplir.

Tout d'abord comme chef actuel de la 2ᵐᵉ, qui ignorait à peu près son histoire, ensuite, en souvenir de mes chers parents !...

D'une vieille race presque ininterrompue de soldats depuis de longs siècles, j'avais sous Metz : Père, Grand-Père et Oncle.

Ma plus tendre jeunesse a été bercée par les récits de cette lugubre époque, qui ont irrévocablement orienté ma vie. — Je suis né à *Cologne*, prisonnier de guerre à mon arrivée en ce monde, et j'avais été préparé..... ..... pour la **Revanche** !...

Hélas ! ne pouvant mieux faire, je tiens à être le porte-voix de ceux qui ont vu et souffert, afin d'entretenir de tout mon pouvoir, ne serait-ce que dans le cœur d'un seul de mes chasseurs, une étincelle de feu sacré.

Le 14ᵐᵉ serait bien heureux si vous pouviez vénir le

revoir cet automne. Nous rentrons à Embrun à la fin des manœuvres alpines, vers le 15 septembre, et ce serait une fête pour tous de vous recevoir dans votre première garnison.

Dans cet espoir, permettez-moi de m'excuser de ma nouvelle indiscrétion et de me dire votre très respectueux et obéissant subordonné.

A. DE REYNIÈS.
Capitaine au 14ᵐᵉ chasseurs à pied.

P.-S. — J'ai eu l'occasion, il y a deux ou trois ans, de parcourir les champs de bataille du 16 et du 18 août. Je suis passé à Ars et à Metz. J'ai parcouru près de Rézonville, la croupe de la *Maison blanche* et le chemin de Gorze tout bordé de tombes. Je ne savais pas alors que j'aurais bientôt l'honneur de commander cette compagnie qui a laissé là-bas tant de braves gens. — Mes beaux-parents habitent en Lorraine annexée, un petit village voisin de Novéant et des champs de bataille de Metz : je reviendrai certainement à Rézonville pour suivre pas à pas le calvaire de la 2ᵐᵉ comme je l'ai fait près de Mars la Tours, en souvenir de mon grand-père, « *charge de la Division Legrand* » et près de Saint-Privat en souvenir de mon père. — (Défense de St-Privat).

— Après la lecture de cette lettre, je n'hésitai plus et me décidai à faire en toute sincérité, et sans aucune restriction ni atténuation, le récit fidèle des faits, des actes et de mes impressions personnelles.

Je répondis sans retard et dans ce sens à l'officier d'élite, je n'en doutais plus, avec lequel je venais définitivement d'entrer en relations. — Voici la copie à peu près exacte de ma réponse, rétablie à l'aide d'un brouillon.

Grasse, 7 août 1906.

Mon cher Camarade,

Je viens de recevoir votre lettre du 3 août dernier du Château des Iscles. Elle m'a profondément impressionné : autant par l'élévation des sentiments qu'elle exprime, que par l'évocation de votre généalogie familiale dont vous avez tout lieu d'être fier, et que vous continuez si dignement.

Par ce temps d'aveulissement et de déprimantes théories humanitaires, on est heureux de rencontrer des hommes de votre caractère. — Aussi, mon jeune et vaillant camarade, n'ai-je rien à vous refuser. — Je suis tout prêt à me mettre au travail avec mon énergie d'antan pour vous être agréable. Je vous suis même reconnaissant de me donner l'occasion d'être encore utile à mon pays, en collaborant avec vous pour réinfuser dans les veines de nos soldats ce sang gaulois qui semble de plus en plus épuisé.

Dans ma réponse à votre première lettre, je vous ai, je crois, expliqué pourquoi, après avoir prématurément quitté l'armée au moment où un brillant avenir se dessinait pour moi, j'avais pris néanmoins la plume pour contribuer à sa réorganisation. J'aurais pu tout aussi bien m'en servir aussi, pour faire malgré le temps écoulé, l'historique de mon ancienne Compagnie, aujourd'hui la vôtre, du 15 juillet, date de la déclaration de la guerre, au 17 août 1870, date de ma disparition.

Après mure réflexion, et vu le temps écoulé et les tristes incidents qui étaient survenus, j'ai cru sage, après une convalescence qui fut longue de trois années, de ne pas donner suite à mon désir d'écrire l'odyssée peu banale de ma Compagnie pendant le mois de campagne que j'avais fait à sa tête.

Les raisons, je vous les ai fait pressentir. Elles eussent été celles qui viennent d'amener sur le terrain, le brave et loyal Négrier, et cet autre funeste Tartarin, le général X...

La vérité eut écrasé et flétri un inconscient qui a eu, comme bien d'autres, le tort de me croire disparu à jamais, et qui a abusé de ma malechance pour dénaturer les faits à son profit.

Ce scandale, je ne l'ai pas voulu et ne le veux pas davantage aujourd'hui.

Ne soyez donc pas surpris que je refuse d'annoter le travail que vous m'avez envoyé et qui, bien que très restreint, vous a coûté de si laborieuses recherches.

Je préfère, puisque vous faites appel à mes souvenirs et à ma loyauté pour connaître la vérité, revivre à votre intention la période inoubliable pour moi et glorieuse pour la 2ᵉ Compagnie que j'avais l'honneur de commander, comprise entre notre départ de Lyon, le 17 juillet 1870, à 11 h. 35' du matin, et le 16 août suivant, à 7 heures du soir, heure fatale pour moi qui, très grièvement blessé, fus contraint de quitter le champ de bataille dans des conditions exceptionnelles dont vous trouverez l'exposé dans le cours de mon récit.

Dès lors, j'entrai en relations suivies avec M. le capitaine de Reyniès, avec lequel j'échangeai une correspondance qui dure encore aujourd'hui fin avril 1913, et que l'expédition du Maroc de laquelle il fait partie n'a pas interrompue.

Vers la fin de septembre 1906, lorsque je me rendis à Embrun pour lui porter les documents qu'il désirait, j'y séjournai cinq jours et reçus un accueil tel, que je ne saurais l'oublier. Mes relations s'étendirent alors à tout le Corps et j'eus toute une correspondance avec les officiers de tout grade, relations qui s'affaiblirent naturellement par suite des changements survenus dans une si longue période, mais qui se continuent encore aujourd'hui avec des officiers que je ne connais pas même de vue. Je suis devenu pour tout ce bataillon une tradition qu'on se transmet.

Un exemple : Le 24 décembre, au combat de Tazert, le lieutenant Tournaire fut tué et le commandant et les officiers du 14me qui me considèrent comme un des leurs, m'envoyèrent un cartable de deuil ainsi libellé :

« Le Commandant et les Officiers du 14me Chasseurs ont l'honneur de vous faire part de la mort glorieuse de leur camarade le lieutenant Tournaire, blessé mortellement le 24 décembre 1912, au combat livré à Bou-Tazert, pour la délivrance de Dar-el-Kadi.»

2.

Lettre du Général LAPASSET

Dusseldorf, 11 décembre 1870.

MON CHER COMMANDANT,

J'ai appris dernièrement que vous étiez à l'ambulance du Parc — Bruxelles — et que vous m'aviez cherché à Metz. Je regrette que nous ne nous soyons pas rencontrés. Je vous aurais confirmé de vive voix ce que vous avez du apprendre par autrui et ce que je vous répète ici.

Je vous avais remarqué sous Sarraguemines, puis dans notre arrière garde de six jours, enfin à la bataille du 16 où vos braves chasseurs incités par votre exemple et celui d'autres braves ont si longtemps tenu la petite maison et le plateau.

Aussi mon premier soin a été de vous faire nommer chef de bataillon et porter à l'ordre de l'armée. Votre lieutenant a été décoré, votre sergent-major est passé sous-lieutenant, enfin bon nombre de médailles ont été accordées.

Jusqu'au dernier jour, j'ai été très content de mes 250 chasseurs à pied. L'historique de cette brave 2° compagnie est à jour, il sera envoyé au commandant Parlier pour entrer dans celui du corps.

Quant à votre brevet de chef de bataillon au 84° de ligne et à votre citation à l'ordre de l'armée, ils ont été remis au lieutenant-colonel Dommanjou, commandant provisoirement le 84°. Vous devez les lui réclamer.

Je vous renouvelle, mon cher Commandant, avec mes témoignages d'estime, l'expression de mes meilleurs sentiments.

Général LAPASSET.

Les originaux sont déposés aux archives du 14ᵐᵉ Chasseurs Alpins.

Lettre de mon Chef de corps

Mayence, 21 octobre.

Votre témoignage d'affection et de sympathie, mon pauvre et cher de Garros m'est bien précieux.

J'avais appris, je puis vous le dire aujourd'hui, qu'à moins d'un miracle, votre existence était bien compromise. Jouan d'abord et plus tard MM. Letournau et Ginestens[1], m'avaient donné des détails peu rassurants sur votre position. La Providence aidée du zèle éclairé et dévoué d'un excellent chirurgien et d'une sainte femme, vous ont conservé à l'amour de votre famille et à notre profonde amitié. — Dieu soit loué !

Il est bien malheureux que vous ayez quitté Metz ou que vous n'ayiez pu vous y faire transporter, vous seriez chef de bataillon.

Le 14e aura joui d'un guignon sans pareil sous le rapport de l'avancement, et cependant beaucoup, presque tous ont fait grandement leur devoir. Il est vrai que c'est un bien petit malheur en voyant les calamités qui fondent sur notre malheureuse patrie.

Le général de l'Abadie est à Wisbaden : j'ai eu occasion de le voir et de lui dire ce que je savais par Jouan. Il a pris une part bien affectueuse et bien vive à vos malheurs. Il m'a demandé un rapport succinct sur le bataillon : je vous ai porté comme grièvement blessé. Votre lettre me permettra, en ce qui vous concerne, de compléter les renseignements fournis.

Dans quelques jours, j'espère que votre lieutenant et sous-lieutenant me donneront les matériaux nécessaires pour terminer les pages déjà si brillantes de la 2e compagnie.

---

(1) Tous deux recueillis et soignés à Ars avec moi.

Vous êtes sans doute renseigné par Perrier et Edon des
faits et gestes du bataillon, je ne vous en entretiendrai
donc pas, non plus que des souffrances morales que je
ressens bien vivement, je vous l'assure.

A quand la fin ?...

Escarfail est avec moi à Mayence : nous vivons ensemble et nous cherchons à nous consoler l'un l'autre et à
croire à des jours meilleurs. . . . .

Plus que personne je fais des vœux ardents et bien
sincères pour qu'une prompte et complète guérison vous
permette de jouir sans retard d'une récompense que vous
avez si noblement méritée.

Le Gouvernement, *quel qu'il soit*, saura vous rendre
justice.

Croyez aux meilleurs sentiments de votre bien affectueux camarade.

Commandant PARLIER.

Lettre de M. le Capitaine EDON, mort Général de
Division. Il analyse sévèrement le Haut-Commandement
responsable du désastreux dénouement de Sedan.

Magdebourg, 20 octobre 1870.

MON PAUVRE ET CHER DE GARROS,

Après vous avoir cru tué, ou tout au moins disparu,
d'après les dires du clairon Léger, prisonnier et blessé,
j'ai seulement appris par une lettre toute récente du
Commandant qui s'est, je ne sais comment, procuré ce
renseignement à demi consolant, que vous êtes blessé et
prisonnier à l'ambulance allemande d'Ars-sur-Moselle,
depuis le 14 août.

Vous avez, paraît-il, été grièvement atteint au coude,
est-ce le gauche ou le droit ? refusé de vous laisser am-

puter et transporter et finalement sauvé votre vie et
votre bras. Grâces en soient rendues à votre énergie et
à Dieu, à qui nous n'avons jamais cessé de croire un
jour, bien que sous tous les autres rapports, sa main
protectrice se soit cruellement éloignée de la France et
de nous.

Ainsi donc, les sinistres prophéties du malheureux
Illig, les appréhensions intimes de tous ceux qui assis-
taient au début des événements devaient se réaliser.

La France est dans l'abîme et l'héroïsme isolé, univer-
sellement reconnu de l'armée de Metz, ne suffit point à
effacer d'autres hontes dont nous sommes solidaires,
nous les prisonniers de Sedan, malgré que nous ayons
fait notre devoir sans éclat comme sans faiblesse.

Pauvre patrie, pauvre armée !... La République réus-
sira-t-elle à sauver l'une, à galvaniser l'Autre ?... Graves
questions dont la discussion n'est pas permise ici, mais
qui absorbent nos pensées et les attristent singulièrement.

Après ces catastrophes générales, si l'on descend à
des intérêts particuliers, à cet infortuné 14me Bataillon
qui a eu au moins la chance de se trouver bien représenté
à l'armée de Metz, on ne peut, après s'être félicité de
vous savoir vivant, que regretter la mâlechance dont
vous êtes poursuivi et qui vous fait tomber aux mains de
l'ennemi, quand l'épaulette de commandant serait certainement venue jeter quelque baume sur votre blessure, si
on avait pu vous transporter à Metz.

Nous autres, enveloppés dans l'affaissement général
des caractères, des esprits et des hommes, n'avons pas à
réclamer contre notre sort.

J'ignore si quelque correspondant a pu vous renseigner
sur ce qui a été et sur ce qui est ; c'est pourquoi je vous
en dirai quelques mots, dussent-ils faire double emploi.

Après n'avoir pas secouru l'armée de Frescheviller, le
triste Vme Corps, tristement commandé, tristement conduit dans toutes ses parties, a fui pendant trois semaines,
marchant la nuit, mangeant peu, se gardant à la diable,

se campant comme avec l'intention présumée de se faire enlever, la Petite-Pierre, Lunéville, les environs de Langres, Chaumont, Vitry, Châlons, Reims, Retthel, l'Argonne, les Ardennes. la souricière de Beaumont, Mézières et enfin Sedan !..... pour le bouquet.

Nous avons vu l'ennemi, ou plutôt nous avons reçu ses coups, le 28, le 30 et le 1er septembre.

Ni discipline, ni chefs, ni ordres, tel a été le programme qui devait si bien aboutir. *Il s'agit bien entendu, de l'armée réorganisée à Châlons.*

Nos pertes sont relativement insignifiantes — je ne veux vous parler que des officiers : Capitaine Rondony, tué ; Garreau, grièvement atteint d'une balle dans l'aîne et sans doute mort depuis ; Villeneuve, mon sous-lieutenant, l'épaule brisée par un éclat d'obus et peut-être mort aussi ; sous-lieutenant Girard, légèrement atteint au front ; sous-lieutenant Michel, à la jambe.

Parmi les survivants : Capitaine adjudant-major Vuillemot, lieutenant Guinamard et sous-lieutenant Vannier, ont accepté la capitulation — *Vulgo, signé le revers.*

Capitaine Perrin, lieutenant Rigault et sous-lieutenant Hurlin en ont décliné les bénéfices ; capitaines Edon, Stefani ; lieutenant Jolly et sous-lieutenant Baudemont et... le commandant Parlier ont été faits prisonniers sur le champ de bataille, isolés, sans le moindre soutien, entourés par des masses vers 4 heures du soir, alors que la bataille perdue depuis longtemps, on avait cru devoir nous laisser là, pour marquer la retraite des autres.

Voilà tout notre bilan, plus sincère que brillant.

Aujourd'hui captifs dans la forteresse de Magdebourg, nous nous morfondons d'impuissance, vigoureux, bien portants, capables enfin de conduire une troupe quelconque à la tuerie, qui permettrait à la France de tomber écrasée, mais non déshonorée !... C'est à enrager !,..

Ces sentiments-là sont aussi les vôtres, sauf l'excuse matérielle de votre horrible blessure.

Lequel avez-vous le plus souffert ?

— Suivent de longs détails intimes qui ne peuvent intéresser . . . .
. . . .

Si cette lettre vous parvient, répondez-y ou faites-y répondre quelques lignes. Confirmez-nous votre guérison que le Commandant nous donne comme prochaine, et donnez-nous quelques détails sur votre affaire.

En faisant le tour de Metz comme prisonniers, vers le 9 septembre, nous avons parcouru à pied, sous une pluie diluvienne, les champs de carnage de Vionville, Gorze, etc..., jamais je n'oublierai cette sinistre promenade. Le lendemain nous avons traversé la Moselle à Novéant et vu la cathédrale de Metz ; nous ne nous doutions pas que vous fussiez notre voisin si proche.

J'espère que vous avez signé la paix avec Lapasset et que les conditions en auraient été satisfaisantes sans votre mauvaise étoile.

Espérons que tout s'éclaircira de nouveau, que nous nous reverrons et qu'une époque viendra où nous pourrons tous aussi relever la tête à présent humiliée.

Stéfani, Michel et Baudemont vous présentent leurs amitiés, leurs condoléances, leurs regrets et moi, mon cher ami, je suis de loin et de près tout vôtre.

Bon espoir et bonne amitié.

Félix EDON,

Capitaine et prisonnier à Magdebourg (Prusse).

Ces lettres attestent la profonde union qui existait entre tous les membres de l'ancienne armée et qui se manifestait plus étroite encore pendant et après nos désastres. L'intimité la plus étroite unissait les officiers d'un même corps, et en dehors du service la solidarité était la règle des relations sans distinction de grade, surtout dans l'arme des chasseurs à pied où chaque bataillon était une vraie famille où chacun se réjouissait du bonheur de son voisin ou partageait sa détresse prêt à la secourir. Les questions politiques ou religieuses étaient inconnues et les fiches n'existaient pas.

La lettre suivante établira tout cela sans conteste. Elle me fut adressée de Magdebourg et me parvint à l'ambulance du Vaux-Hall à Bruxelles où je fus hospitalisé en quittant Ars-sur-Moselle, de novembre à fin mars 1871.

Magdebourg, 31 octobre 1870.

MON CHER DE GARROS,

Aujourd'hui, nous sommes définitivement fixés sur votre malheureux sort et je ne veux pas manquer de vous écrire pour payer une juste part de regrets.

Il faut avouer que vous n'avez pas eu de chance et bien souvent, Edon et moi, nous avons parlé de vous et nous disions que bien certainement, vous nous reviendriez à la tête d'un bataillon de chasseurs.

Hélas ! l'homme propose et Dieu dispose et, si nos illusions sont perdues, il faut cependant nous estimer assez heureux, au milieu de cette calamité publique, d'en être sortis, les uns sains et saufs, les autres légèrement endommagés. Si nous songeons à tous ceux qui sont morts et aux habitants qui sont complètement ruinés pour plusieurs années, sans compter les désastres futurs, il faut convenir que les survivants sont relativement favorisés.

Vous même, malgré la gravité de votre affreuse blessure et les souffrances que vous avez endurées, vous pourrez encore rendre des services militaires et être utile à votre malheureuse famille, déjà si cruellement éprouvée.

Vous êtes jeune encore, vous guérirez certainement, et vous pourrez toujours continuer la carrière militaire. Vous aurez acquis des droits incontestables à un avancement loyalement et glorieusement mérité.

Ne vous effrayez pas trop de la gravité de votre position, la nature a des secrets et des ressources pour les
blessures les plus désespérées, surtout quand on est
comme vous jeune et sain, avec un moral à toute épreuve.

Nous avons envié votre sort d'appartenir à l'armée
de Metz, surtout après nos désastres de Beaumont et de
Sedan, et nous espérions pour vous une occasion favorable d'arriver chef de bataillon.

Dieu a disposé autrement; il n'y a plus qu'à se résigner.
Nous aspirons tous avec une impatience bien naturelle et
bien vive au moment où nous serons réunis de nouveau
pour pouvoir nous communiquer nos impressions diver-
ses et parler du malheur public.

Edon a reçu aujourd'hui votre lettre dans laquelle vous
lui marquez que vous avez l'intention de profiter d'un
article de la Convention de Genève. Je vous approuve
grandement et je désire vous voir réussir dans vos démarches. Où irez-vous, là est la question ?...

Impossible d'aller à Paris ; le département du Nord où
vous avez des relations ne tardera probablement pas à
être envahi ; à Lyon vous n'y serez certainement pas en
sûreté, attendu qu'une armée y marche pour en faire le
siège ; vous avez un ami dans les Ardennes, du côté de
la Belgique ou en Belgique même, là seulement vous
pouvez goûter un peu de repos et de tranquillité ; il vous
reste enfin le Midi, où vous avez des propriétés et de
vieilles tantes qui vous aiment beaucoup. D'un autre
côté, le voyage, dans ces tristes circonstances et dans
votre fâcheuse position, est une chose un peu imprudente
et difficile ; les communications doivent être souvent
interrompues et par conséquent, vous avez des temps
d'arrêts assez nombreux.

Vous avez sans doute besoin d'être pansé au moins
une fois par jour et vous trouverez difficilement à qui
vous adresser pendant le voyage.

Enfin, mon cher ami, vous avez dû vous faire toutes
ces réflexions ; agissez pour le mieux et surtout ne soyez

pas imprudent. Allez vous reposer, soignez-vous bien, guérissez-vous et revenez-nous bien portant et aussi alerte que par le passé [1]............... . ...

..... Suivent des réflexions sur la situation politique et militaire actuelle et il termine comme suit :

Je finis en vous exprimant mes regrets les plus vifs et les plus sincères pour votre blessure et vos souffrances et je fais des vœux ardents pour votre prompte et radicale guérison.

Tenez-nous au courant de vos démarches ainsi que du lieu où vous avez l'intention de vous retirer. . . . .

. . . .

Nous regrettons tous, sans exception, le malheur arrivé au lieutenant Garreau, que nous aimions beaucoup, nous n'en avons plus eu de nouvelles.

Tous ici, Baudemont, Michel, Edon et moi faisons des vœux pour votre bonne convalescence en attendant le bonheur de vous revoir entièrement rétabli et guéri.

Je vous serre affectueusement la main et me dis votre dévoué camarade.

STÉFANI.

Enfin pour clore cette série, une lettre du capitaine Perrin, moins prolixe, mais tout aussi affectueuse.

Cologne, 5 novembre 1870.

MON CHER DE GARROS,

J'ai rencontré aujourd'hui le général Lapasset qui m'a annoncé que vous êtes chef de bataillon depuis le 24 août.

Permettez-moi de venir vous féliciter et de vous faire mes sincères compliments. Je suis très content pour vous, mais sans flatterie, nous perdons un bon camarade qui ne sera pas remplacé.

---

[1] Le parent le plus dévoué ne se serait pas exprimé autrement.

J'ai reçu une lettre de X... qui m'a dit vous avoir vu au camp de Merçy, si je puis obtenir une permission pour aller à Metz, j'irai vous voir.

Je vous serre affectueusement la main.

A. Perrin.

Toutes ces attentions. tous ces sentiments exprimés, tous ces vœux formulés, ces conseils venus du cœur, ces « au revoir » vraiment dramatiques venant des prisons ennemies forment un « tout attendrissant » inspiré par la confraternité la plus exquise. — L'armée était alors une grande famille d'où la politique, la jalousie, les rivalités, les questions religieuses étaient soigneusement exclues. Chaque corps était un centre familial dont les membres se solidarisaient. Les fiches, la politique et la Franc-maçonnerie ont fâcheusement modifié tout celà, hélas !

QUARANTE - DEUX ANS APRÈS

LE FANION VERT

Le 11 novembre 1911, les Chambres votaient une médaille commémorative de la guerre 1870-71.

Elles spécifiaient que le Gouvernement délivrerait seulement le brevet donnant droit au port de cette médaille, aux combattants de cette funeste époque, médaille que devraient se procurer à leurs frais ceux qui auraient obtenu le brevet.

Le brevet serait délivré à ceux qui en feraient la demande, justifiée par des pièces authentiques vérifiées par le Ministre de la Guerre et contresignées par la Grande Chancellerie.

Le 2 décembre suivant, la 2ᵐᵉ compagnie du 14ᵐᵉ chasseurs alpins, officiers, sous-officiers, caporaux et chasseurs, composant l'unité du même Corps que je commandais en 1870 en ma qualité de capitaine, m'envoyait à Nice où je villégiaturais, un joli spécimen en bronze doré de la nouvelle médaille, enrubannée vert et noir, contenue dans un coquet écrin portant en lettres d'or, disposées comme suit, la suscription suivante :

LA
2ᵐᵉ COMPAGNIE
DU
14ᵐᵉ BATAILLON
DE
CHASSEURS
AU
COMMANDANT DE GARROS

Une lettre d'envoi accompagnait l'écrin, elle portait les signatures du capitaine de Reyniès, commandant actuellement cette unité, de son lieutenant Touchon, de son sous-lieutenant Chevalier, des sous-officiers, caporaux, chasseurs et clairons de la compagnie.

Copie exacte de cette lettre :

14ᵐᵉ CORPS D'ARMÉE

27ᵐᵉ DIVISION
—
54ᵐᵉ BRIGADE
—

Le capitaine de REYNIÈS,
commandant la 2ᵐᵉ compagnie du 14ᵐᵉ bataillon de Chasseurs à pied,
à M. le commandant de GARROS
à NICE

Grenoble, 2 décembre 1911.

Mon Commandant,

Ceux que si vaillamment vous avez conduit au feu il y a 41 ans, seraient heureux de pouvoir vous témoigner leur respectueuse admiration en vous offrant la Médaille commémorative de la Campagne 1870-71.

Aujourd'hui, anniversaire d'Austerlitz, permettez aux Chasseurs de tous grades de la jeune 2ᵐᵉ Compagnie leurs héritiers directs, d'user du droit dont ils sont fiers, et de vous offrir au nom de leurs anciens, ce modeste hommage.

Certes, à côté de vos glorieuses Campagnes de Crimée, de Kabylie et d'Italie, cette médaille jettera une note triste..... mais elle sera la Médaille du Souvenir.

A vous, elle rappellera les braves gens qui, sous vos ordres, ont lutté jusqu'au bout, sont tombés avec gloire ou ont souffert sans murmures.

Pour nous, son ruban est plein d'enseignement : sa moire verte comme un lambeau de leur Rhin allemand, sera notre Guidon et notre lueur d'Espérance.

Elle gravera au plus profond de notre cœur, ce mot d'ordre du Maréchal de Turenne :

« *Il ne faut pas qu'il y ait un seul homme de guerre*
« *au repos en France, tant qu'il y aura un allemand en*
« *Alsace.* »

Au nom des officiers, sous-officiers, caporaux et clairons de la 2ᵐᵉ Compagnie, je vous prie, mon Commandant, de vouloir bien agréer l'hommage de notre plus profond respect.

DE REYNIÈS.

TOUCHON, Lieutenant.   Sous-Lieutenant, CHEVALIER.

Suivent les signatures des Sous-Officiers, Caporaux et Chasseurs de la Compagnie.

Grand fut mon embarras pour répondre à cet hommage inattendu. — Qu'offrir à cette collectivité dont le patriotisme et l'esprit de solidarité militaire s'affirmaient sur ma personne ?...

J'accusai immédiatement réception par le télégramme suivant : *Reçu lettre et précieux colis.* — *Merci du fond du cœur.* — *Lettre suit.*

La lettre suit, ne fut expédiée que cinq mois après lorsque, grâce à un incident inattendu, l'inspiration rebelle jusqu'alors, surgit enfin.

Le 12 avril 1912, on inaugura en grande pompe à Nice, un monument à la mémoire de la Reine Victoria. A cette occasion, on mobilisa toutes les troupes des Alpes-Maritimes et une partie de celles des départements limitrophes du 15ᵐᵉ Corps, notamment les 6ᵐᵉ, 7ᵐᵉ, 23ᵐᵉ, 24ᵐᵉ et 27ᵐᵉ de chasseurs alpins.

Le Drapeau des 31 bataillons de cette arme, vint de Paris avec un officier et sa garde. Il fut remis en grande solennité au 24ᵐᵉ, ancien bataillon de la Garde Impériale qui en était seul détenteur sous l'Empire.

Débarqué à Villefranche, cet Emblème vint de la gare au champ de manœuvres de cette localité où tout le bataillon en grande tenue de service l'attendait en bataille sous les armes, escorté par une compagnie d'honneur avec la fanfare, aux sons de la Sidi-Brahim.

Un grand bel homme, d'allure martiale, à l'air inspiré, accompagnait le peloton d'escorte qu'il suivait à grandes enjambées, malgré l'allure endiablée des chasseurs.

C'était Déroulède, l'auteur des chants du soldat, l'illustre Président de la Ligue des Patriotes, alors en villégiature sur la Côte-d'Azur.

Le Commandant du bataillon après avoir salué de l'épée le Drapeau, l'accompagna suivi de son escorte devant le front du bataillon déployé et présentant les armes, puis venant se placer au galop face au centre du bataillon, il le présenta à la troupe en quelques paroles vibrantes de fierté patriotique, après quoi il fit former le carré où fut admis Deroulède qui prononça un discours qu'il ne me fut pas donné d'entendre, mais qui souleva un tonnerre d'applaudissements. Le carré rompu, le bataillon défila devant le Drapeau et sa garde, et regagna sa caserne.

Quel beau spectacle toujours réjouissant pour les bons Français ! Eh bien, c'est lors de ce beau défilé. que je cueillis l'idée si laborieusement cherchée depuis cinq mois.

Je remarquai que chaque compagnie avait un fanion, dont deux particulièrement jolis fixèrent mon attention. Euréka, m'écriai-je tout joyeux : je vais offrir à cette chère 2ᵐᵉ du 14, un joli fanion, tout rutilant d'or et de soie, qui commémorera à la fois l'envoi de la jolie médaille, et la citation à l'ordre de l'armée du Rhin, conquise par elle à la bataille de Rézonville le 16 août de l'année terrible.

Je m'inspirerai pour sa couleur, de celle de la médaille commémorative de 1870-71, et sur sa moire verte figureront inscriptions et emblèmes auxquels je vais réfléchir.

Je rappellerai la belle citation du capitaine de Reyniès, dans sa lettre du 2 décembre et j'exhumerai une fois encore le vœu patriotique et bien français du Maréchal de Turenne.

Je ne savais comment remercier cette brave 2me, me voilà tiré d'embarras : je lui donnerai un joli Fanion, le Fanion *du souvenir*, symbolique du Passé et du Présent.

Il sera digne de sa destination.

Mon choix arrêté, je m'enquis de l'artiste qui devait le réaliser. On m'indiqua un nommé Giotti très en faveur à Nice. J'allai le trouver sans tarder et lui exposai le but de ma visite. Nous discutâmes longuement la forme et la dimension de l'emblème, sa ou ses couleurs, les inscriptions qui y figureraient et les broderies qui l'orneraient.

Seraient-elles plates ou en bosse, en fil d'or ou d'argent ou en soie, etc...

Sous mes yeux, M. Giotti m'exécuta un croquis qui m'enchanta. Les dimensions seraient les dimensions réglementaires dans les Bataillons de Chasseurs ; nous convînmes enfin des inscriptions à mettre des deux côtés de la flamme et des attributs symboliques que je désirais faire figurer, etc... Nous arrêtâmes les conventions suivantes : la hampe sera solide, bien que légère et élégante, surmontée d'une petite boule ou lance en cuivre doré ; elle devra s'adapter au fusil du sous-officier, du fourrier, généralement porte-fanion. La partie flottante du fanion sera verte et noire ; la partie noire sera une simple bande étroite fixée à la hampe par des clous dorés ; le reste de l'étoffe formant la partie flottante sera verte, rappelant la joli phrase de la lettre de M. le capitaine de Béyniès ; *Sa moire verte comme un lambeau de leur Rhin allemand, sera notre Guidon et notre lueur d'espérance,* puis exhumant un passé guerrier : Elle gravera au plus profond de notre cœur, ce mot d'ordre du Maréchal de Turenne.....

« **Il ne faut pas qu'il y ait un seul homme de guerre** « **au repos en France, tant qu'il y aura un allemand en** « **Alsace.** »

Sur l'un des côtés du Fanion, brodé en or et relevé en bosse :

14me BATAILLON DE CHASSEURS A PIED
2me COMPAGNIE

Au dessous l'emblème des Chasseurs, le cor de chasse également brodé en or et en bosse, avec enroulé dans ses volutes, son cordon aux couleurs réglementaires, avec brodé en noir dans la partie pendante et au milieu du rouge brun :

FRANCE QUAND MÊME

Au milieu du Cor, un bluet brodé soie en couleurs naturelles, rappelant le bluet cueilli par le capitaine de Reyniès, sur le champ de bataille de Rézonville, au milieu des tombes, à l'endroit où la 2me compagnie s'était illustrée le 16 août 1870 ; et sur le côté gauche, débordant les volutes du Cor et brodées soie en couleurs naturelles et variées, des Immortelles.

Sur l'autre face du Fanion, brodé or et en bosse, en grosses lettres : *Rézonville* et au dessous en lettres plus petites mais semblables : *16 Août 1870.* Dans l'angle droit, en petites lettres or et en bosse : *Honneur et Patrie.*

3.

Au dessus de cet ensemble et au milieu, brodée argent et en bosse : une grosse étoile, *l'Espérance*.

L'artiste ainsi inspiré, réalisa mes espérances et me fit un petit chef-d'œuvre. Il devait m'être livré dans les deux mois qui suivaient la commande.

Dans cet intervalle, je réglai l'envoi du Fanion à naître et sa remise à la 2ᵐᵉ compagnie. Cette partie de mon programme fut des plus laborieuses et me causa bien des émotions.

Je dus échanger la correspondance suivante avec M. le capitaine de Reyniès, pressenti assez longtemps d'avance.

Villa Beauséjour, 4 juin 1912.

MON CHER MONSIEUR DE REYNIÈS,

Dans votre très louable désir de — Leçons de Choses — susceptibles de galvaniser le patriotisme des Chasseurs placés sous votre commandement, vous avez fait de moi un impulsif qui ne peut résister au désir de vous seconder activement.

J'ai saisi avec empressement l'occasion de le faire, en répondant à votre gracieux envoi de décembre dernier. par l'envoi d'un objet symbolique et d'une lettre de remercîments qui vous permettront d'organiser une petite cérémonie militaire, susceptible de produire les résultats désirés.

Je vous enverrai donc, dès que l'artiste aura terminé son travail qu'il m'avait promis pour le 15 juin au plus tard, un Guidon du « *Souvenir* » tout comme la médaille dont vous m'avez honoré, tout spécialement brodé et agencé pour la 2ᵐᵉ Compagnie.

Cette idée m'est venue sur le champ de manœuvres de Villefranche, lors de la remise du Drapeau des Chasseurs au 24ᵐᵉ Bataillon, où j'ai pu remarquer deux très jolis Guidons de Compagnie, lors du défilé.

Seulement, après mures réflexions, je crains les imprévus d'une surprise, car, ainsi que vous devez le supposer, je vous adresse deux lettres de remercîments ; l'une écrite en janvier dernier, à laquelle il m'a suffi d'ajouter huit lignes explicatives et l'autre écrite seulement au commencement de mai.

Cette dernière vous est spécialement destinée et ne peut soulever aucune difficulté.

En d'autres temps, on a dit de moi et je crois que c'est l'illustre avocat Demange, que j'écrivais et que je parlais comme je pensais ; mais c'était à une époque dite de — tyrannie — ou on pouvait le faire sans trop d'inconvénients, il n'en est pas de même aujourd'hui.

Je vous laisse donc la latitude de rectifier et même de supprimer dans la lettre collective destinée à la Compagnie, ce qui pourrait vous paraître excessif ou trop chauvin, et même si vous préjugiez quelque ennui, de tout supprimer.

En attendant l'objet, je vous envoie donc les deux documents qui l'expliquent, et où j'ai mis tout mon patriotisme et tout mon cœur,

Enfin, si cet envoi pouvait porter ombrage à qui que ce soit, tout particulièrement à votre Chef de Corps, eh bien, ce sera un souvenir remis tout simplement sans cérémonie à la Compagnie, comme un remercîment banal.

Dans l'ancienne France, la cérémonie était toute indiquée : messe du souvenir en l'honneur des Braves tombés sur le champ de bataille ; bénédiction du Fanion symbolique en vue des odyssées de l'avenir, enfin, la remise aux héritiers des braves de la 2me de 1870.

Puis, tout le cortège ordinaire de ces cérémonies : prise d'armes, discours enflammés et..... festin familial.

Quel malheur que tout cela soit exclusif à la 2me qui seule était à Metz !.,... Mais ce n'est que de la faute des événements, et l'honneur du fait d'armes de Rézonville, n'en rejaillit pas moins sur tout le Corps.

C'est du moins ce que j'ai compris en vous léguant les quelques objets le rappelant.

Vous voilà prévenu et édifié, soit en posture d'éviter les inconvénients de la spontanéité.

C'est pourtant, maintenant plus que jamais, le moment d'exalter le patriotisme de ceux qui sont appelés à faire mieux que nous en 1870.

Cette lettre est pour nous deux, dans le but de vous permettre de me communiquer vos réflexions, rigoureusement personnelles.

Quelle jolie petite cérémonie en perspective !... Quelle belle leçon de choses à laquelle vous pourriez utilement associer Madame de Reyniès et votre petite famille.

Quelle occasion pour vous de rappeler les hauts faits de Messieurs votre Grand'Père, votre Oncle et M. votre Père, et... de Madame votre Mère qui a quadruplement souffert en vous donnant le jour dans une ville ennemie, près de M. votre Père blessé et prisonnier.

Mais je m'arrête, car je m'emballerais facilement et surtout trop longuement à l'évocation de tels souvenirs.

Toujours cordialement vôtre.

H. de G.

En même temps que cette lettre, j'expédiai celle que je destinais à la 2e Compagnie en tant que collectivité, et la lettre tout particulièrement destinée au capitaine de Reyniès, évocation de tous ces événements. Ces deux lettres sont reproduites in-extenso dans les pages suivantes. Elles serviront à mieux comprendre la réponse de M. de Reyniès à la lettre ci-dessus.

A M. le Capitaine, MM, les Officiers, Sous-Officiers, Caporaux, Chasseurs et Clairons de la 2e Compagnie du 14e Chasseurs Alpins.

Mes chers Camarades,

Au mois de décembre 1912, vous m'avez grandement honoré en me faisant don d'un superbe exemplaire de la

Médaille commémorative de 1870-71, en souvenir du fait d'armes accompli à la bataille de Rézonville le 16 août de cette année funeste, par vos anciens de la 2ᵉ Compagnie du 14ᵉ Bataillon de Chasseurs.

Vous avez eu, pour cet hommage exceptionnel, la délicate attention inspirée par votre patriotisme, de choisir la date du 2 décembre, glorieux anniversaire de la bataille d'Austerlitz — 2 décembre 1805 — gagnée par Napoléon Iᵉʳ contre les empereurs de Russie et d'Allemagne coalisés, sanglant prélude du traité de Presbourg qui enleva à François II le titre d'empereur et raya l'empire germanique de la carte d'Europe pour près d'un siècle.

Le choix de cette date fut des plus heureux : car si l'emblême que vous m'avez envoyé rappelle de tristes souvenirs, la date que vous avez choisie en évoque de glorieux que vous saurez faire revivre quand l'heure [de la revanche sonnera.

Elle ne saurait tarder.

La France, notre chère Patrie, secouée par une série d'affronts, relève enfin la tête. Après avoir chassé les incapables, presque les traîtres qui achevaient de la perdre, elle a confié ses destinées à un groupe de patriotes intelligents, dévoués et actifs, décidés à réorganiser fortement et sans délai, son Armée et sa Marine, pour la lutte prochaine qui sera cette fois sans merci.

Il faudra vaincre, reprendre notre frontière et nos provinces perdues, d'origine Gauloise comme nous et bien Françaises, ou mourir. — Mieux vaut la mort glorieuse que le démembrement.

Ce n'est pas la défaite qui est humiliante ; elle est inéluctable pour l'un ou l'autre des adversaires, c'est la résignation inerte et trop prolongée.

En 1806, le 6 octobre, moins d'une année après Austerlitz, la Prusse se révolta, fut écrasée à Iéna, et réduite momentanément à une impuissance absolue.

Puisant une nouvelle énergie dans son patriotisme, elle se reconstitua *silencieusement* et rapidement, au point de pouvoir, huit ans après son désastre, contribuer puissamment à la chûte de son vainqueur de 1806, en unissant ses forces réorganisées et comprenant *tous ses adultes* à celles de l'Europe coalisée contre le Colosse qui les avaient si souvent terrassées.

Que ne les avons-nous imités ?

Après 40 ans de pacifisme, de dreyfusisme et avec un budget toujours grossissant (cinq milliards actuellement) nous en sommes réduits, après avoir subi passivement Fachoda, Tanger, Agadir, etc. et la perte sans combat d'une de nos plus belles colonies, au profit de notre ennemi provocateur et insatiable, à nous réorganiser hâtivement.

Travaillez donc, mes chers Camarades, ou plutôt continuez à travailler courageusement pour être prêts à combattre et à vaincre. Soyez toujours unis et *disciplinés*, ce qui est indispensable sur le champ de bataille.

Vos chefs, instruits et stimulés par les leçons d'un passé douloureux, n'auront désormais d'autre préoccupation que la Patrie mutilée et insultée ; ils marcheront au canon pour se prêter une assistance mutuelle au lieu de se jalouser, et vous mèneront à la victoire.

Suivez-les sans crainte et avec eux, vengez et sauvez la Patrie, Au moment du danger, groupez-vous autour de ce fanion que je confie à votre honneur de soldats : il vous rappellera l'héroïsme de vos anciens de 1870 que vous saurez certainement... très certainement renouveler.

Vive la France ! — Vive l'Armée ! — Vive le 14e Chasseurs !

Nice, janvier 1912.

Commandant DE GARROS.

En même temps que cette lettre collective, j'en adressais une particulièrement destinée à M. le capitaine de Reyniès.

*A Monsieur le Capitaine de Reyniès, Commandant la 2ᵉ
Compagnie du 14ᵉ Alpins.*

MON CHER CAMARADE,

Je vous dédie ces lignes griffonnées à l'âge de 82 ans :
elles vous sont bien dues.

Avec une ténacité et un zèle inlassables, qui vous ont
valu les éloges mérités de toute la hiérarchie de votre
Corps d'armée, vous avez cherché pendant six longues
années, personnes et documents pouvant vous éclairer
sur l'odyssée mouvementée et peu banale de la 2ᵉ Compagnie du 14ᵉ bataillon de Chasseurs, au début de la
guerre de 1870 contre l'Allemagne.

Avant de coordonner vos patientes et laborieuses recherches, vous en avez rigoureusement contrôlé l'exacti-
tude, et vous avez poussé le scrupule jusqu'à aller, le
cœur serré certes, rechercher et interroger les vestiges de
cette Compagnie, sur le sol foulé par elle, il y aura exactement 42 ans le 16 août prochain, sol en partie allemand
hélas !... aujourd'hui.

Votre but? Compléter l'historique de cette unité, du
début de la campagne 15 juillet 1870, date de la déclaration de la guerre, au 17 août suivant, lendemain de la
sanglante bataille de Rézonville où, son chef grièvement
blessé, disparut sans laisser le moindre document écrit.

Plus de trente ans après, devenu capitaine de cette
Compagnie après beaucoup d'autres moins zèlés et moins
curieux que vous, vous avez voulu connaître les causes
de cet incident anormal de 1870 que n'avaient jamais
cherché à élucider vos prédécesseurs.

Vous avez commencé par ce qu'ils avaient négligé. la
recherche du chef qui commandait la 2ᵉ à Rézonville,
qui, seul, pouvait vous donner les explications nécessai-
saires, s'il était encore de ce monde.

Après de multiples démarches, vous m'avez enfin déniché à Grasse en 1906 et intéressé à votre exhumation du passé.

Il s'est trouvé qu'à ce moment, vous étiez en garnison à Embrun où, après ma sortie de Saint-Cyr, j'avais en décembre 1850, débuté dans l'armée comme sous-lieutenant au 3e léger.

Cette coïncidence me décida à vous porter moi-même les explications que vous sollicitiez, heureux de pouvoir en même temps revoir mon berceau militaire.

Je séjournai cinq jours à Embrun, objet non seulement de votre part, mais du *Lieutenant-Colonel* Blazer et de tout le corps d'officiers, d'un accueil enthousiaste, d'égards exceptionnels et d'attentions tellement impressionnantes, que cette visite restera pour moi inoubliable.

Je ne puis y penser sans un sentiment d'orgueil, car elle finit en apothéose, hommage excessif s'il n'avait honoré que moi, mais qui s'adressait très certainement à mes valeureux compagnons de 1870, mes braves de la 2e Compagnie, vos anciens.

Combien j'eusse été heureux d'y associer les survivants sans doute peu nombreux de cette lugubre époque : la fête eut été complète.

J'ai continué à m'intéresser à ces chasseurs du 14e au milieu desquels j'ai passé les dix plus belles années de ma trop courte carrière militaire, et qui depuis, tant renouvelés mais stimulés par vous, n'ont cessé annuellement de me témoigner respect et affection.

Dans l'hommage collectif de la belle médaille souvenir qui est venue me surprendre si agréablement, j'ai reconnu encore l'inspiration et la délicatesse du cœur de celui qui, en 1909, visitant le champ de bataille où la 2e Compagnie s'était distinguée par sa bravoure, avait eu la touchante inspiration de cueillir pour me l'envoyer, un bluet poussé au milieu des tombes couvrant les braves tombés en combattant près de la désormais historique Maison-Blanche, près de laquelle j'étais tombé mutilé.

Ces attentions exquises, mon cher capitaine, m'ont

rendu cher votre souvenir, et grand fut mon embarras pour vous en témoigner ma reconnaissance.

J'ai longtemps cherché comment vous la manifester et, après avoir trouvé, j'ai hésité, craignant à l'époque étrange où nous vivons, de provoquer des suspicions qui vous soient préjudiciables sous un gouvernement ombrageux et sectaire.

Tout récemment il a disparu et l'horizon politique s'est heureusement modifié.

L'entrée en scène d'un Ministère patriote et libéral a été joyeusement accueillie par tous les Français dignes de ce nom, et je n'hésite plus à reprendre mon idée déjà ancienne, que je crois pouvoir aujourd'hui réaliser sans accrocs.

Ne pouvant vous remercier collectivement en vous donnant un Drapeau, je vous envoie un modeste Guidon, qui sera pour la 2ᵐᵉ le Guidon du souvenir. Il vous rappellera les prouesses de vos anciens et leurs souffrances, et vous aidera à accepter les aléas du métier en attendant que vous puissiez l'illustrer encore par de nouveaux exploits.

J'aurais voulu vous le remettre moi-même, mais je suis si âgé que je crains d'affronter les fatigues du voyage et de douces mais trop vives émotions.

Je vous adresse, en même temps que ce Fanion, la copie des paroles que je vous aurais adressées à tous en vous le remettant et j'ajoute que, fidèle à la promesse que je vous ai faite, je travaille assidûment et avec le secours d'une mémoire qui m'est restée fidèle, au récit familier des terribles chevauchées de Lyon à Beaumont et à Sedan pour notre infortuné Bataillon, et de Sarreguemines à Metz pour la 2ᵐᵉ Compagnie désormais isolée depuis Forbach, jusqu'à la honteuse capitulation de Metz.

Cette dernière Compagnie aura eu du moins la chance de pouvoir écrire avec son sang, comme vous me l'avez dit, la plus belle page de l'histoire du Bataillon.

Recevez, mon cher camarade, les vœux bien sincères

que je forme pour que, oublieux des déboires récents que
vous avez du subir, vous poursuiviez courageusement
votre carrière, espérant tout d'un avenir prochain.

Nous sommes très certainement à la veille d'événements
graves qui vous permettront de mettre en valeur vos
brillantes qualités militaires, et vous pourrez enfin, comme
autrefois vos aïeux familiaux, conquérir l'épée à la main,
un avancement si difficile à obtenir dans notre république plus politique que guerrière [1].

C'est ce que vous souhaite de tout cœur, votre bien
dévoué ancêtre militaire.

> Villa Beauséjour.
> mai 1912.
>
> H. de G.

Ces trois documents furent expédiés par charge-
ment recommandé le 4 juin à Grenoble où le 14e
tenait garnison : le capitaine de Reyniès était en
permission dans sa propriété du Midi, ce que j'ignorais. En raison de leur importance, ils lui parvinrent

---

[1] Tout cela est en train de se réaliser.

Le capitaine en ce moment au Maroc, s'est distingué aux
combats de Taffert et de Dar-el-Kadi et à Anflous où il commandait son bataillon par intérim.

A Taffert, il a été cité à l'ordre de l'armée et mis au tableau
pour la Légion d'Honneur — 24 décembre 1912 — et après
Auflons, à la revue de Mogador, félicité par le général Brulard,
il a été porté pour Chef de Bataillon, mais non maintenu au
Ministère de la Guerre ???...

Comme il compte 27 ans de services et qu'il a neuf ans de
grade, pourquoi ne pas lui avoir laissé le commandement de ce
Bataillon qu'il avait par deux fois dans un intérim de 18 jours
conduit au feu et où il s'était illustré. C'était pourtant bien le
cas.

Le drapeau de fortune planté par les Chasseurs qu'il commandait et recueilli par le général Franchet d'Espéret a été
déposé au Musée des Invalides.

rapidement et la réponse suivante me fut adressée sans retard :

Reyniès, le 7 juin 1912.

Mon Commandant,

Votre pli recommandé m'a été remis aujourd'hui à Reyniès où je suis venu passer quelques jours avant le départ des manœuvres.

Depuis deux ou trois jours, je classais des lettres de mon grand'père *de Gondrecourt* ou de mes parents et je vivais par le souvenir au milieu des gens et des choses du passé.

Je vagabondais dans l'Europe entière avec les armées impériales, pour me heurter bien souvent hélas!... aux souvenirs de l'Année terrible.

Lettres écrites sur le champ de bataille ou de Metz, charpie des ambulances, cartouches, biscuits, armes prises sur le terrain, dessins, photos... j'étais bien loin de notre époque.

C'est dans cet état d'esprit que vos lettres m'ont trouvé. Il vous serait difficile de vous figurer l'effet qu'elles m'ont produit : surprise, reconnaissance, impuissance à vous dire merci comme je le pense, projets pour donner votre fanion à la Compagnie, tout cela voltigeait, bourdonnait dans ma cervelle comme un essaim d'abeilles.

J'attendais donc de rentrer à Grenoble pour mettre un peu d'ordre et de méthode dans mes idées, mais j'ai voulu dès ce soir vous dire merci pour moi... avant de le dire pour toute la Compagnie.

Ah! c'est à vous de trouver exquises les idées des autres ! Et vos attentions, mon Commandant, quel qualificatif leur donnerons-nous ?

On ne pouvait avoir une idée plus belle que celle que vous réalisez. Vous, le Commandant de cette vaillante 2ᵉ à Rézonville, vous grièvement blessé à sa tête, vous venez aujourd'hui lui donner un guidon pour la maintenir ferme sur le chemin de l'honneur, du devoir, et, s'il plait à Dieu, de la victoire.

Par vos mains, nos glorieux devanciers de Crimée, d'Italie, d'Afrique et de 1870, semblent ainsi marquer à leurs petits conscrits, la route à suivre pour les imiter et les venger.

Soyez béni, mon Commandant, car par vous j'aurai éprouvé les plus vives joies de ma carrière.

A bientôt donc une nouvelle lettre, mais je voulais le jour même, vous dire toute mon affectueuse et très respectueuse reconnaissance.

A. DE REYNIÈS.

Je reçois de M. Giotti, l'artiste en fanions, avis qu'il est terminé et sera à ma disposition, après avoir été exposé dans la vitrine du journal *l'Éclaireur*.

Je refuse tout d'abord cette exhibition, mais comme le négociant se substituant à l'artiste, insiste parce que son travail, particulièrement réussi, lui constitue une réclame excellente, je consens à regret, mais à la condition qu'il ne sera fait aucun historique de l'emblème.

Abusant de ma confiance, M. G... outrepasse mes instructions, et à ma grande surprise, je lis dans *l'Éclaireur* un entrefilet dévoilant la destination du fanion et, sans me nommer, disant qu'il a été offert par *le Commandant en 1870 d'une unité du 14me Bataillon de Chasseurs, titulaire de la Médaille Commémorative de 1870* dont il a reçu le brevet.

Cette dernière allégation était fausse, car par suite d'incidents étranges et restés secrets, constituant un vrai sabotage, je ne reçus le brevet qu'en décembre, alors que la Chancellerie l'avait envoyé à la Préfecture de Nice en juillet, et que cette dernière l'avait adressé au lieu de mon domicile sans aucun retard. Sa réception souligne un vrai scandale administratif dont on pourra lire les détails dans l'épilogue du FANION VERT.

Toujours est-il que j'avise M. le capitaine de Reyniès que le Fanion est terminé et je le prie de m'indiquer si je puis le lui adresser à Grenoble.

Il m'adresse la réponse suivante :

Grenoble, 18 juin 1912,

MON COMMANDANT,

Je réponds tout de suite à votre lettre d'hier.

Nous partons lundi prochain 24 pour nos manœuvres alpines. Si votre précieux colis peut arriver à temps, vous pouvez l'adresser à Grenoble, *3. Square des Postes.*

Si vous craignez du retard, il vaudra mieux me l'envoyer à Névuche (Hautes-Alpes) où nous serons à partir du 3 juillet et pendant une semaine. C'est notre quartier général pendant les manœuvres alpines.

Les colis postaux peuvent y arriver, car il y a un bureau de poste et un courrier (voiture quotidienne).

J'ai bien pensé au meilleur moyen de remettre à la 2ᵐᵉ Compagnie le Fanion dont elle sera si fière et que ses générations successives se transmettront avec orgueil.

Eh bien, ce qu'il y aurait de mieux, c'est que ce soit vous qui le donniez. Mais je ne veux pas en parler au Commandant avant votre consentement, afin que vous restiez complètement libre. *Ceci restera strictement entre nous deux.* Ne vous gênez donc pas pour vous excuser, car je ne voudrais pas vous demander un voyage fatiguant.

Si c'était *Oui*, on pourrait organiser cette petite fête militaire bien touchante à Névuche. Nous serions chez nous à la frontière. Tout le Bataillon réuni, ce serait une fête pour tous. Mais je ne veux pas être pour vous une cause de fatigue. Vous viendriez à Briançon par le train ; vous pourriez y coucher pour couper la route. — J'irais au devant de vous. — Il n'y aurait que 20 kilomètres à faire en voiture. — Le pays est assez joli.

Il y a à Névuche un petit hôtel très acceptable où de nombreux officiers séjournent tous les ans.

Si vous ne pouvez pas venir, j'attendrai l'anniversaire du 16 août pour remettre ou faire remettre le Guidon par le Commandant. A ce moment, la Compagnie sera seule au camp des Rochilles pendant un mois. Mais rien ne vaudrait votre visite. — Oh ! si vous pouvez... venez. S'il fallait, j'irais vous chercher et vous accompagner au retour. — Mais décidez en toute sagesse et indépendance.

Je n'en ai rien dit exprès au Commandant, bien sûr de son assentiment empressé quand je le lui dirai.

Il vous écrirait alors lui-même pour vous prier de venir.

Bien respectueusement à vous.

A. DE REYNIÈS.

Au reçu de cette lettre, j'avise aussitôt M. Giotti d'avoir à retirer le Fanion exposé à la vitrine de *l'Éclaireur* ; de l'emballer soigneusement et de l'expédier par grande vitesse à Grenoble, à l'adresse indiquée — 3, square des Postes — à M. le capitaine de Reyniès.

Il en est ainsi fait : le Fanion arrive à Grenoble et M. de Reyniès m'en accuse réception par la lettre suivante..... grosse de déceptions.

Grenoble, 22 juin.

MON COMMANDANT,

Je viens de recevoir votre superbe — *Fanion du Souvenir.* — Il est splendide et jamais aucune Compagnie n'en a eu de plus luxueux. Son auteur est un réel artiste, et son inspirateur a pensé à tous les symboles, depuis le petit — *Bluet* — jusqu'à la couleur de fond.

Mais hélas ! cette couleur si bien de circonstance, n'est pas la couleur de la Compagnie : le Fanion de la 2ᵐᵉ est..... rouge !!!.....

Quand vous m'avez annoncé une surprise le 12 mai
dernier en me demandant le secret, vous ne m'avez pas
averti de votre si délicate pensée de nous offrir un
Guidon. Sans cela, je vous aurais donné tout de suite ce
renseignement capital.

Croyez à tout mon chagrin, et je dois faire appel à tout
mon courage pour vous dire la vérité.

Mon premier mouvement était de vous le cacher. Je
n'aurais pas hésité si cet objet m'avait été destiné personnellement : mais, obligé de le remettre à la Compagnie,
je suis pris dans la double impossibilité, ou de lui donner en votre nom un fanion qui n'est pas le sien, ou de ne
pas exécuter le mandat que vous m'avez confié.

Ne pouvant sortir honnêtement de ce dilemme, je ne
puis qu'agir en soldat, c'est-à-dire en toute franchise à
l'égard du brillant chef de l'ancienne 2me.

Cet incident me cause une véritable peine, car c'est un
chef-d'œuvre ce travail si soigné, si fini et qui, par son
origine sera toujours pour nous une précieuse relique.

Veuillez croire, mon Commandant, à tous mes regrets
et à mon bien fidèle et respectueux attachement.

A. DE REYNIÈS.

Au reçu de cette lettre, instantanément mon parti
fut pris. Courrier par courrier, j'informai M. le capitaine de Reyniès que je regrettais mon impair, mais
qu'il n'était pas irréparable.

Je l'informais en outre que, sur le champ, je faisais remettre sans retard sur le métier, un autre
fanion semblable mais sur soie rouge et que je le
priais de conserver le guidon vert comme souvenir
personnel.

Le lendemain, je recevais un télégramme et deux
jours après une lettre explicative. Voici ces deux
documents.

Le télégramme venu après l'envoi de ma nouvelle commande :

Aujourd'hui, anniversaire de Solférino, Commandant sur ma demande, autorise Compagnie à avoir Guidon vert.

Voici la lettre :

25 juin 1912.

MON COMMANDANT,

Mon aveu m'a tellement torturé, que je n'ai trouvé qu'une solution : aller trouver le Chef de Corps, lui exposer la situation, et lui demander pour la 2ᵐᵉ Compagnie l'autorisation de remplacer le fanion rouge par un fanion vert qui n'appartient à aucune autre Compagnie du Bataillon.

Le Commandant a compris tout de suite la situation et m'a accordé cette solution. Elle est heureuse à tous les points de vue ; et la 2ᵐᵉ vous devra la couleur de son guidon.

Cette lueur d'espérance qui tombe sur nous, grâce à votre généreuse et touchante initiative, précisément le jour anniversaire de la brillante victoire de Solférino, est du plus heureux présage. L'étoile de la 2ᵐᵉ est levée, il n'y a plus qu'à la suivre.

Croyez, mon Commandant, à toute ma joie et à tout notre respectueux attachement.

A. DE REYNIÈS.

Grenoble, 9 juillet 1912.

MON COMMANDANT,

Je viens de venir à Grenoble avec la plus grande partie des officiers du 14ᵐᵉ pour rendre les derniers devoirs à notre pauvre camarade, le capitaine adjudant-major que vous avez vu à Embrun, et qui vient de succomber aux suites de l'opération de l'appendicite.

Je profite de ce moment de répit pour vous dire combien j'ai été touché de la solution si spontanée que vous avez donnée à l'incident de la couleur de votre précieux Fanion. Votre lettre s'est croisée avec la mienne, ainsi qu'avec une dépêche qui eut dû vous dire que tout était arrangé.

Votre Fanion est arrivé à Névuche, dimanche dernier. Je l'ai aussitôt présenté aux officiers et ensuite aux sous-officiers de la Compagnie qui n'ont pu retenir leur admiration et leur reconnaissance. Le fourrier était particulièrement fier de le porter.

Au revoir, mon Commandant, veuillez croire à toute notre reconnaissance et à mon bien respectueux attachement.

A. DE REYNIÈS.

Les difficultés croissantes au Maroc rendent urgent le départ de renforts importants et le IXe groupe alpins est désigné pour s'y rendre. Il doit à cet effet compléter ses effectifs de guerre. Pour y parvenir, il est fait appel de volontaires dans les bataillons de Chasseurs.

Le 14me pour sa part en envoie une cinquantaine dont 25 fournis par la seule 2me Compagnie.

M. le capitaine de Reyniès me l'annonce par la lettre suivante :

Camp des Rochilles par Vallières (Savoie), 3 juillet.

MON COMMANDANT.

J'ai remis hier à la Compagnie votre beau Fanion dans des circonstances touchantes et inattendues.

Vous savez que le 7mo Bataillon part pour le Maroc et que ses effectifs sont portés à l'effectif de guerre au moyen de prélèvements de volontaires dans les autres bataillons

Les quatre autres compagnies du bataillon ont fourni chacune trois ou quatre volontaires : la 2me à elle seule en fournit 21 dont trois sergents.

Vous voyez que lorsqu'il s'agit d'aller se faire casser la g.....le cette vaillante 2me ne rechigne toujours pas. Cet esprit qui l'anime, vous en êtes grandement cause, car grâce à vous, je puis toujours la tenir sous pression.

Donc, hier à 5 heures soir, je recevais une dépêche officielle du Commandant me prescrivant de faire descendre aussitôt les volontaires de la 2e.

Une heure après, toute la compagnie était rangée sous les armes, les volontaires en ligne face à la compagnie.

Ce départ précipité m'a décidé à brusquer les choses. Donc, devant la compagnie ainsi disposée, le fourrier escorté de deux chasseurs de 1re classe, amène votre fanion. Je fais présenter les armes et donne aussitôt lecture de votre lettre. Je termine par quelques mots d'au revoir à nos jeunes guerriers.

Ils défilèrent devant le fanion, tandis que la Compagnie présentait les armes.

Dans le cadre grandiose de notre poste, à 2.400 mètres d'altitude, à quelques pas de la frontière qui nous est confiée, et dans les circonstances présentes. cette cérémonie toute simple n'était pas sans grandeur.

Grâce à vous, il semblait que ces enfants partaient sous la tutelle de leurs aînés, emportant avec la vision du *Fanion vert* de Rézonville un pur rayon d'espérance.

Ils sont partis gaillardement et alertes pour faire les 40 kilomètres qui nous séparent de Briançon où ils devaient s'embarquer.

Il y avait là un certain mérite, car deux heures avant, à 4 h. 30, toute la compagnie venait d'exécuter une longue reconnaissance de onze heures d'une marche rude et sac au dos, en passant par trois cols présentant une différence de niveau totale de 1.800 mètres.

Vous voyez qu'il y a encore de l'espoir en ces petits gaillards. Ils auront fait 76 kilomètres et 1.800 mètres de différence de niveau en vingt-quatre heures.

Comme dans mes adieux il était question de vous, je dois vous reproduire les quelques mots que je leur ai adressés :

« Devant le pavillon tricolore de notre poste frontière, « devant ce fanion vert, gage d'espérance légué par nos « anciens, nous vous disons *au revoir*. — Sur cette terre « d'Afrique où vous allez faire campagne, vous vous « souviendrez des exemples glorieux que vous ont laissés « vos prédécesseurs immédiats, les Chasseurs d'Orléans « créés tout spécialement pour lutter contre les arabes.

« Le passé vous crie Mouzaïa, Sidi-Brahim, Isly, « Ichriden, etc..., le présent par vos armes répondra « fièrement par le nom de nouvelles victoires françaises. « *Noblesse oblige*.

« Au nom de vos anciens, au nom du commandant de « Garros qui sera votre parrain au baptême du feu, au « nom de tous vos chefs et de tous vos camarades, je « vous dis au revoir.

« Que ce Fanion vous laisse dans vos âmes un ineffa- « çable souvenir d'espérance et que Dieu vous garde. »

Au revoir, mon Commandant, et croyez toujours à mon bien fidèle, affectueux et respectueux attachement.

A. DE REYNIÈS.

P.-S. — Le lieutenant Lieutard qui était mon lieu- tenant à la 2ᵉ quand vous êtes venu à Embrun en 1906, et qui figure à côté de vous sur la photo de la compagnie, est en ce moment au 7ᵉ chasseurs alpins à Antibes. Il va partir pour le Maroc.

Je réponds à cette lettre par une autre critiquant cet écrémage de tous les corps au profit d'un seul, ce qui rappelle les plus mauvais jours de l'expédition de Tunisie.

J'informe le capitaine que mon intention est d'al- ler à Antibes, lieu de garnison du 7ᵉ bataillon pour :

1° renouer mes relations avec le lieutenant Lieutard et pour faire mes adieux aux 21 volontaires de la 2ᵉ et aux autres volontaires du 14ᵉ.

Ma note me vaut sans retard la lettre suivante où il exhale sa mauvaise humeur des opérations en cours.

Camp des Rochilles, 10 août 1912.

Mon Commandant.

J'étais en train de vous écrire, quand le vaguemestre me remet votre lettre du 7 août.

Comme vous avez raison ! Que nos Maîtres se méfient du Maroc. Il absorbe déjà 50.000 hommes, soit deux corps d'armée. Or, deux corps d'armée bien employés, ça décide une victoire. — Les Allemands doivent rire dans leur barbe, car ils voient que nous nous prenons au piège qu'ils nous ont habilement tendu.

Leur diplomatie nous roule sans guerre.

Ils nous prennent le Congo et nous accordent le Maroc, avec la certitude d'en retirer les meilleurs profits et d'y fixer une forte partie de notre armée !! Quelle folie !...

Si nous étions à la hauteur, nous devrions commencer par administrer une pile à l'Allemagne. Le Maroc après s'arrangerait facilement, et aussi les graves questions que la situation des Balkans va remettre sur le tapis.

J'ignorais les fêtes que l'on prépare au 7ᵉ bataillon, quand elles auront lieu, je vous serais reconnaissant de m'envoyer l'*Eclaireur*. — Les dames d'Antibes ne lui feront cependant pas un Guidon valant le nôtre. Le Guidon de la 2ᵐᵉ, c'est toute une histoire : c'est le trait d'union du Passé et de l'Avenir.

Nous n'avons pas besoin d'aller en Angleterre pour avoir froid. — Ici, aux Rochilles, il neige quatre ou cinq fois par semaine. J'ai déjà vu deux fois le thermomètre à 2° au-dessous de zéro. Aujourd'hui, il a varié entre

— 1° et + 4° ; et pourtant, il y a des perdreaux, mais ils sont blancs. La 2ᵐᵉ en a fait lever avant-hier. — Les chamois aussi, partagent avec nous ce charmant séjour.

Je ne puis transmettre vos amitiés verbalement à mes officiers, on me les a tous pris. Le Commandant applique dans le bataillon, les mêmes principes que le Ministre dans l'armée. — Quand il y a un trou dans les cadres, on puise à côté pour le boucher. On déshabille Pierre pour habiller Paul.

L'autre jour, il me manquait exactement 14 gradés : 2 officiers, l'adjudant, un sergent-major, 4 sergents, un sergent-fourrier et cinq caporaux.

J'ai dû me battre avec le Commandant pour reprendre un sergent et un fourrier. — Il me prend le lieutenant Touchon, comme officier adjoint au chef de corps, Chevallier, le sous-lieutenant, est à Joinville, et comme cadre officier, j'ai..... *un petit officier de réserve* !

Ah ! Il y a bien à faire pour mettre un peu d'ordre et de continuité dans notre organisation.

En voulant tout mener de front *avec un personnel réduit*, on fait de la mauvaise besogne.

Bien respectueux.

A. DE REYNIÈS.

Cette brève conclusion m'indique suffisamment que notre capitaine n'est pas content.

Combien dans mon amour de l'armée je partage ses rancœurs !

Je me décide à aller à Antibes : 1° pour voir le lieutenant Lieutard et lui faire mes adieux ainsi qu'aux volontaires venus du 14ᵉ.

Je choisis pour cette excursion le 16 août. Je viens de recevoir pour commémorer ce jour spécial de ma carrière, les quelques lignes suivantes, transmises télégraphiquement chaque année à cette date, sous

des formes différentes, et qui m'émeuvent toujours
profondément.

Camp des Rochilles, 16 août 1912.

Aujourd'hui, 42ᵉ anniversaire de la bataille de Rézonville, la 2ᵐᵉ Compagnie du 14ᵐᵉ Bataillon de Chasseurs,
unie à son ancien capitaine aimé et vénéré, M. le Commandant de Garros, adresse le salut des armes à ceux de
ses anciens glorieusement tombés pour la Patrie.

A. DE REYNIÈS.

Eh bien, j'irai célébrer cet anniversaire avec le
détachement des volontaires du 14ᵉ versés au 7ᵉ.

J'habite la même villa que la veuve d'un ami de
60 ans qui a servi pendant de longues années, sept je
crois, comme officier au 7ᵉ chasseurs. Elle désire
m'accompagner dans le but de remettre au Commandant du 7ᵉ, le distingué commandant Nefftner, son
obole pour les partants en souvenir de son mari. —
J'accepte avec empressement.

Nous partons le 16 au matin par un temps superbe,
et débarquons à Antibes vers 11 heures. Après nous
être renseignés, nous nous rendons à la caserne des
chasseurs, la plus belle et la plus confortable des environs. Nous nous présentons au poste de police et,
très courtoisement le sous-officier qui le commande
nous donne un chasseur de garde qui nous conduit
près du Commandant précisément au quartier en ce
moment.

Son accueil est des plus bienveillants: il reçoit
sans difficultés notre obole et nous remercie chaleu-
reusement au nom de ses chasseurs ; il m'autorise en
outre à faire mes adieux aux volontaires du 14ᵉ bataillon qui viennent d'arriver la veille et auxquels, en
ma qualité de parrain d'armes, j'offre au lieu de dra-

gées, un petit viatique rondelet pour fêter l'anniversaire de Rézonville et leur départ pour le Maroc. — J'aperçois alors le lieutenant Lieutard qui arrive à petits pas, hésitant et paraissant gêné. Je vais au-devant de lui et lui présente la photographie d'Embrun où il figure à mes côtés, en compagnie du lieutenant-colonel Blazer, du capitaine de Reyniès et du lieutenant Chevallier. — Changement à vue, il paraît surpris et charmé, sourit et m'explique que, très fréquemment, il est dérangé par un commandant en retraite devenu agent d'assurances, qui les traque et les poursuit partout pour avoir leur clientèle, et qui est devenu pour tous, pour lui surtout, un épouvantail.

Quand le sergent de garde m'a dit qu'un commandant me demandait, j'ai cru que c'était cet agent d'assurances, et j'ai fait répondre que je n'y étais pas...

Je vous prie de m'excuser.

De grand cœur, répondis-je, je comprends et approuve votre hésitation, mais maintenant que vous êtes fixé sur mon identité, je vous présente la veuve d'un ancien capitaine de votre nouveau bataillon qu'elle est venue saluer au moment de son départ. Je l'invite à se joindre à nous pour fêter dans un déjeuner intime, l'anniversaire de la bataille de Rézonville, et le fait d'armes de son ancienne compagnie du 14ᵉ. Nouvelle hésitation. Il me confesse qu'il est marié, et qu'à la veille d'une séparation... Je ne le laisse pas achever : mon cher camarade, la présence de madame, veuve d'un ancien officier, me permet de prier madame Lieutard de vouloir bien vous accompagner et la fête sera complète [1].

---

[1] Au cours de la conversation, je demandais à M. Lieutard à quoi il attribuait le grand nombre de volontaires fournis par la 2ᵐᵉ compagnie. M. de Reyniès ne serait-il pas trop sévère avec ses subordonnés ? Il se mit à rire et sans hésitation : mais il est adoré de ses hommes et leur inculpe son feu sacré du métier.....

Sa figure s'épanouit et il accepte avec empressement.

Nous lui donnons rendez-vous à midi à l'hôtel d'Alsace et nous nous séparons pour nous rejoindre quelques instants après devant une table bien garnie.

Le repas fut des plus gais, le menu confortable et les vins exquis. Au champagne, nous bûmes à la mémoire des braves morts pour la patrie en 1870 et tout particulièrement à ceux de l'ancienne 2ᵉ tombés à Rézonville.

Enfin, je portai une dernière santé aux partants pour le Maroc et, ce que je n'avais pas prévu se produisit: Madame Lieutard fondit en larmes et se mit à sangloter, à l'idée de la séparation imminente qui allait la laisser seule en France, avec son enfant, charmant bébé de 4 ans environ.

Cette explosion d'un chagrin trop compréhensible nous émut profondément et c'est à grand peine que nous parvînmes à y faire diversion.

Enfin, l'heure du départ arriva et nous regagnâmes V*** et notre villa pour nous reposer de toutes ces émotions.

Le 7ᵉ bataillon devait passer sa revue de départ le surlendemain ; je me promis d'y assister et j'écrivis une longue lettre à M. le capitaine de Reyniès, lui racontant les divers événements de cette excursion.

Le surlendemain, je revins à Antibes, mais l'insuffisance des communications ne me permit que d'assister au défilé qui suivit la revue de départ, avec en tête le commandant Nefftner derrière qui flotte le Fanion donné au bataillon par les dames d'Antibes.

Ce fanion est tricolore, aux couleurs nationales, mais est loin d'être aussi luxueux que celui que j'ai donné au 14ᵉ. Enfin, tel quel, il est salué par les chaudes acclamations de la foule qui est considérable. Tout le monde se découvre sur son passage, et l'air retentit de chaleureux vivats. L'enthousiasme guerrier est général.

Rentré chez moi, je reçois une lettre dont je prends immédiatement connaissance : elle est du capitaine de Reyniès et à ma grande stupéfaction, il m'annonce comme très prochain, le départ du 6e groupe alpin de Grenoble pour le Maroc.

Ce groupe comprend le 14e bataillon et la 8e batterie du 2e régiment d'artillerie et une compagnie du génie.

Voici cette lettre :

Bourg d'Oisans, 13 septembre 1912.

Mon Commandant,

Le 11 septembre, tandis que j'arrivais au (illisible) de Briançon, ma première étape de retour vers Grenoble, je reçus de l'officier d'approvisionnement du bataillon, le télégramme suivant : *6me Groupe Alpins désigné pour le Maroc cette nuit. Rentrons à Grenoble par voie ferrée. Le bataillon sera formé à quatre compagnies.*

Là-dessus, j'étais peu fixé, car la 2me serait-elle des quatre compagnies ? Ou, comme elle était encore à quatre étapes de Grenoble, la laisserait-on avec une autre comme dépôt, pour recevoir les recrues ?

Comme en 1870, la compagnie allait-elle faire cavalier seul ?..... pendant que le bataillon serait au Maroc ?

Ce mystère n'est pas encore éclairci malgré les demandes de renseignements que j'ai adressées par télégramme.

Cependant, hier, à La Grave, j'ai reçu un télégramme donnant l'ordre de rejoindre le bataillon à Grenoble, sans faire séjour à Bourg-d'Oisans comme je devais le faire demain.

Le lieutenant Chevallier que j'avais laissé comme Commandant du peloton d'arrière-garde à Névuche où il devait séjourner jusqu'au 17 octobre pour l'instruction des réservistes, a, lui aussi, reçu l'ordre télégraphique de s'embarquer le 15 au matin à Briançon, à destination de Grenoble, avec les autres compagnies du bataillon.

Mais là. quelle mission recevra-t-elle ?

Puisqu'il n'y a que quatre compagnies qui partent, avec la batterie et le Génie, deux vont rester : Lesquelles ? ? ?

Personne ne me répond.

Dans tous les cas, les journaux locaux d'hier disaient que le 6ᵐᵉ groupe partirait dans les premiers jours d'octobre.

Ceux d'aujourd'hui disent que la date du départ n'est pas encore fixée.

Voilà où en sont les événements. Je vous tiendrai au courant. Pourvu qu'on ne m'enlève pas la compagnie !?!

Dans tous les cas, le Fanion vert que vous nous avez confié, n'est pas loin d'aller faire sa première campagne.

Le capitaine qui est au cadre complémentaire va avoir sa retraite le 15 novembre prochain : comme je suis le premier à prendre pour cet emploi, il pourrait bien arriver que l'on m'y mette tout de suite en affectant le titulaire actuel à un autre Corps jusqu'au 15 novembre.

Alors, je n'aurais pas la satisfaction bien légitime de conduire la compagnie en campagne. — A bientôt des nouvelles.

Respectueux hommages.

A. de Reyniès.

Cette lettre est bientôt suivie d'une autre que voici :

Grenoble, 14 septembre 1912.

Mon Commandant,

Notre compagnie est désignée pour partir avec les 3ᵉ, 4ᵉ et 5ᵉ.

Nous tâcherons d'être dignes de nos aînés et de *notre Fanion.* J'ignore complètement la date du départ. Pas avant un bon mois, car il y a beaucoup à faire.

Libérer la classe, recevoir les hommes de renfort, etc.,
etc., etc. Et dire qu'on m'a enlevé mes 25 meilleurs! Les
25 volontaires versés au 7e bataillon. Quel gâchis !!!

Au revoir, mon Commandant, je vous tiendrai au courant.

Bien respectueusement.

A. de R,..

P.-S. — Je répons sans retard à vos deux lettres, surtout la dernière.

Ravi je lui exprime ma satisfaction.

V'** 16 septembre 1912.

Mon cher Capitaine,

Je viens de recevoir avec joie votre carte-lettre qui dis-
sipe enfin l'extrême angoisse causée par votre communication du 13.

Je souffrais réellement en songeant à l'éventualité qui
vous menaçait et qui, pour moi, était une monstruosité
inexplicable.

Au moment d'entrer en campagne, vous enlever un
commandement que vous exercez depuis huit ans, pour
vous reléguer, vous jeune et brillant capitaine, dans un
poste de réserve, presque de tout repos, me semblait inju-
rieux et inepte.

Il n'en est rien heureusement, et vous pourrez, à la
tête des hommes que vous avez inlassablement instruits
physiquement et moralement, que vous connaissez bien
et qui savent vous apprécier, faire dans d'excellentes
conditions la campagne du Maroc et décrocher l'occasion
de vous y distinguer. Ce sera votre patriotique revanche
contre les sectaires politiques qui voulaient vous barrer
le chemin.

Il y a certainement un revers de médaille, mais je ne vous
fais pas l'injure d'y faire allusion. Notre évangile à nous,
militaires, c'est l'inscription de notre drapeau : *Honneur*

et Patrie. Ce qui n'exclue pas les sentiments intimes et familiaux.

Ah! si j'avais seulement 40 ans de moins!!! mais hélas!!!

A moins d'impossibilité absolue, j'irai vous dire adieu et vous serrer la main sur le bateau, si l'on m'en permet l'accès.

Tous mes compliments et cordialement à vous.

H. G.

V • • • villa Beauséjour. 17 septembre, matin.

MON CHER MONSIEUR DE REYNIÈS,

Sous le coup de l'émotion causée par la nouvelle de votre départ pour le Maroc. je vous ai écrit un peu hâtivement pour vous adresser mes félicitations au plus vite.

Dans ma précipitation, j'ai omis de traiter une question qui me préoccupe tout particulièrement et je reprends la plume au galop au risque de vous paraître importun pour la solutionner.

Avez-vous fait bénir le Fanion ?

Aucune de vos lettres ne mentionne cette formalité, qui ne saurait soulever aucune difficulté officielle. Les conscrits chaque année, précédés de leurs drapeaux préludent à leur départ par une messe dite du *départ*, et aucune autorité ne s'y est jamais opposée.

Si cette formalité n'a pas été remplie. ne pourrait-on pas y procéder discrètement? Cette pensée me tranquilliserait.

Je suis de ceux qui estiment que la croyance religieuse fortifie les courages, et ce n'est pas sans raison que, sur le casque prussien figure l'inscription : Gott und Vaterland (Dieu et Patrie).

L'athéisme officiel est une grande cause d'infériorité pour notre nation, et les libres-penseurs sont surtout des fantoches... L'embarras du Gouvernement dans la ques-

tion des religieux espagnols au Maroc, confirme mon juge-
ment.

Quand vous m'annoncerez définitivement votre départ
de Grenoble et votre embarquement, vous voudrez bien
me fixer sur cette question, pour la solution de laquelle,
j'en suis convaincu, nous sommes d'accord.

Préoccupations variées et fatigantes sont actuellement
votre lot : ne multipliez pas trop les unes et les autres.
Plus que jamais, il vous faut vigueur et santé. — Donc
calme et prudence.

Je vous parle comme un père et même comme un grand
père à son petit-fils : ne vous en formalisez pas, c'est une
preuve de ma sincère affection que je m'efforce pourtant
de rendre discrète.

Au revoir, mon cher Capitaine, A bientôt les dernières
effusions. Je vous serre cordialement la main.

H. G.

Grenoble, 20 septembre 1912.

Mon Commandant,

J'ai parfaitement compris votre pensée si délicate et si
militaire et je tiens à vous remercier de vos bonnes
félicitations.

Oui, il aurait été plus que cruel de voir NOTRE 2ᵐᵉ
compagnie que je commande depuis huit ans, filer à
l'honneur sous les ordres d'un autre capitaine. — Tout
s'est parfaitement arrangé.

Les mutations n'ont touché que l'Adjudant-Major et le
Capitaine du cadre.

Je m'en veux de ne pas encore avoir eu l'idée que vous
m'exprimez de faire bénir le fanion. — Cette cérémonie
sera faite avant le départ qui n'est d'ailleurs pas encore
fixé.

On m'a simplement rapporté que nous débarquerions
à Casablanca pour aller ensuite occuper Merrakech.

Je garde mes officiers, Touchon et Chevallier, et j'aurai

en outre un bon officier de réserve. — La Compagnie aura onze sous-officiers, un caporal-fourrier, 16 caporaux et 168 chasseurs.

Je vais vous faire passer un article du *Petit Dauphinois* où vous verrez que la Municipalité et les Grenobloises ne veulent pas rester au-dessous de leurs collègues d'Antibes.

Au revoir, mon Commandant, et veuillez accepter l'assurance de mon filial respect.

Je vous aviserai à l'avance du jour de notre embarquement.

A. R.

Décidément, il pleut des fanions d'honneur dans les Alpes. — Je suis très fier de mon initiative, car j'ai ouvert le feu en avril 1912.

Le VIe Groupe Alpin quittera Grenoble samedi soir

La veille, le Fanion d'honneur sera solennellement remis au 14e Chasseurs au cours de la réception à l'Hôtel-de-Ville.

Un télégramme officiel parvenu, hier, aux autorités militaires de Grenoble a levé toutes les incertitudes au sujet du départ de nos soldats pour le Maroc.

C'est dans l'après-midi du samedi 28 septembre que le 6e Groupe alpin quittera notre ville, — ainsi en a décidé M. le Ministre de la Guerre.

Aussitôt informée de cette décision, la Municipalité de Grenoble a fixé au vendredi soir, 27 septembre, la réception organisée à l'Hôtel-de-Ville en l'honneur du 6e Groupe alpin.

C'est à cette soirée de vendredi et au cours de la réception de l'Hôtel-de-Ville, que le Comité dont Mme Cornier est présidente, fera remise au 14e bataillon de chasseurs, du Fanion d'honneur offert par les dames de Grenoble.

*

Au moment où le 6e Groupe alpin s'apprête à quitter notre garnison pour aller prendre part à une glorieuse expédition, nous sommes heureux de rappeler ici les noms des officiers qui ont l'honneur de le commander.

Le 14e bataillon de chasseurs a pour commandant M. de la Rochelambert ; pour adjudant-major, M. le capitaine Girard, et pour officier d'approvisionnements, M. le lieutenant de Dobremz.

Les compagnies sont ainsi commandées :

2e Compagnie : capitaine de Reyniès ;
3e Compagnie : capitaine de La Griverie ;
4e Compagnie : capitaine Rippert ;
5e Compagnie : capitaine de Devincet.

Section de mitrailleuses, lieutenant Gard.

La huitième batterie du 6e Groupe alpin est sous les ordres du capitaine Mouget et des lieutenants Roy et Clamans.

*

Nous n'ajouterons, ajourd'hui, aucun commentaire aux renseignements précis que nous venons de donner.

Ce qui importait le plus à la population grenobloise était de connaître, suffisamment à temps, la date du départ du 6e Groupe alpin, afin de pouvoir préparer en son honneur une manifestation d'affectueuse et patriotique sympathie.

Sur ce point, satisfaction est donnée et les initiatives privées ne seront pas prises au dépourvu.

Quant à la foule grenobloise, elle saura, une fois de plus, et très spontanément, faire un cortège d'honneur aux enfants de son sol.

Le départ, ainsi que nous l'avons annoncé, aura lieu dans l'après-midi, ou en tous cas, en plein jour de façon à permettre à Grenoble de saluer. avant leur départ, les soldats de sa vaillante garnison.

Le départ du 6ᵐᵉ Groupe alpin de Grenoble, primitivement fixé au 4 octobre, est reporté au 7 avec un retard de huit jours qui sera cause qu'à mon grand regret, je ne pourrai assister à son embarquement, pour des motifs variés exposés dans les lettres qui vont se succéder.

Ce sera un des grands chagrins de ma vie.

Primitivement, cet embarquement devait avoir lieu à Marseille le 6, le lendemain du lancement au port de Toulon du cuirassé « Paris », et cette coïncidence favorisait mon déplacement.

Malgré mon âge, 82 ans, et ma carrière accidentée, je n'avais jamais assisté au lancement d'un navire, surtout d'un cuirassé, et la personne qui habite la même villa que moi, celle qui m'avait accompagné à Antibes et qui adore Marseille, devait m'accompagner et assurer ma sécurité.

La coïncidence de ces deux événements, détruite par la fantaisie ministérielle qui reportait le départ du 4 au 9 octobre, soit huit jours plus tard que la date primitive, et une indisposition de la personne qui devait m'accompagner, mirent obstacle à mon déplacement et me privèrent de l'immense satisfaction de dire le suprême adieu à ce bataillon où j'avais passé les dix plus belles années de ma vie militaire, et où j'avais gagné ma Croix de Chevalier, mon grade de Chef de Bataillon et une citation à l'ordre de l'armée du Rhin.

Ces deux dernières récompenses cueillies sur le champ de bataille de Rézonville le 16 août 1870.

Au surplus, les lettres échangées à l'occasion de ce

déplacement, feront mieux comprendre l'imbroglio qui se produisit.

Grenoble, le 3 octobre 1912.

Mon Commandant,

Nous quittons Grenoble dimanche soir, 6 octobre et nous nous embarquerons le 9 à Marseille sur le *Douckala* de la Compagnie Paquet, à destination de Casablanca.

Malgré le vif désir de vous retrouver, nous serions tous navrés si le voyage que vous vous proposez de faire pouvait vous fatiguer.

N'abusez pas de vos forces, nous en serions désolés. Si cependant vous venez, prévenez-moi.

Au revoir, mon commandant, croyez toujours à une vive et respectueuse affection.

A. de Reyniès.

Cette lettre me trouble profondément et les observations de ma compagne de voyage présumée achèvent mon désarroi. Elles mettent en effet ma discrétion habituelle à une épreuve bien embarrassante.

Au moment de ce départ, me dit-elle, ces Messieurs ont bien des préoccupations : non seulement ils doivent se munir de ce qui leur sera nécessaire ou utile, mais ils sont tous mariés et désireux de consacrer leurs derniers moments sur la terre de France, à leur famille. Votre présence qui leur serait agréable en toute autre circonstance, deviendra une gêne pour eux.

La lettre de M. de Reyniès vous dit tout cela à mots couverts et à peine déguisés. Relisez-la.

En effet, ce souci de ma santé en ce moment décisif, me paraît un excès de politesse et je tiens à mon tour, à me montrer discret. J'écris donc la lettre suivante à M. de Reyniès.

5.

MON CHER CAPITAINE.

Réflexions faites, je n'irai pas à Marseille assister à votre départ, dans la crainte d'être pour vous une gêne subie par un excès de politesse. Certes, l'état de ma santé aussi satisfaisant que possible, me permettait cette fugue, mais j'ai pensé et c'est aussi l'avis de Madame C.,... qu'au moment d'une séparation qui peut être longue et périlleuse, le souci de ma présence pouvait, par excès de politesse, vous imposer un embarras bien superflu au moment où vous vous devez entièrement aux obligations du service et aux effusions familiales.

Je vous dis donc adieu, heureux voyage et bonne chance. Ces vœux s'adressent à vous personnellement, à vos officiers, sous-officiers, à la 2me et à tout le 14me.

Comme dernière marque de sympathie à vos braves chasseurs disposés, j'en suis convaincu, à faire leur devoir, tout leur devoir, je vous envoie pour eux un billet de cent francs dont vous réglerez l'emploi au mieux de leurs besoins.

Cette somme qui représente à peu près la dépense de mon voyage projeté et raté, sera ainsi plus utilement employée.

Adieu une dernière fois et heureuse traversée.

J'espère que, dès que vous le pourrez, vous me donnerez de vos nouvelles, des bonnes surtout.

Je salue de tout cœur ce cher 14mo tout entier.

H. C.

Cette lettre à peine expédiée, je regrettai ma décision et me mis à souhaiter qu'un télégramme me permit de la modifier. Elle sera, me dis-je, à Marseille le 7, et ils pourront me télégraphier le 8. S'ils insistent pour me voir, en voyageant la nuit, j'arriverai encore à temps pour les dernières effusions. A tout hasard, je préparai une valise de voyage. Or, le 6 était un dimanche et ma lettre ne parvint à destination que le 7 dans l'après-midi ; je n'avais donc pas prévu le retard dominical ?!!...

Le 8, par le courrier du soir, je reçus la lettre suivante, partie la veille de Marseille, à 10 heures du soir, mise à la boîte du chemin de fer, pour qu'elle me parvienne le 8 au matin.

Marseille, 7 octobre 1912, 11 heures soir.

MON COMMANDANT,

Je reçois votre lettre et tiens à y répondre sans retard.

Vous savez que votre modestie ou discrétion trop grande, vous a laissé souvent des regrets.

Vous faites, dites-vous, un sacrifice personnel en ne venant pas à Marseille, mais vous nous en imposez un bien grand en nous enlevant la joie de vous y voir en cette circonstance.

J'avais annoncé votre visite à toute la compagnie et à presque tous les officiers. J'aurais été si fier de voir la jeune 2me défiler avec son fanion vert devant vous que tous vénèrent au bataillon et que trop peu connaissent.

Puisque votre santé ne vous donne aucune excuse, seule raison que ma discrétion devait vous prier de prendre en considération, pourquoi avez-vous hésité ?

Votre généreuse attention pour la compagnie ne pourra jamais remplacer la joie de fierté patriotique que vous lui auriez fait éprouver.

On ne fait pas d'omelette sans casser les œufs et, pour quelques uns peut-être, le défilé d'honneur aurait remplacé le *morituri te salutant* des gladiateurs Romains.

Nous nous embarquons le 9 à 6 heures du matin, mais le *Douckala* dit-on ne prendra pas la mer avant midi.

Si cette lettre qui partira cette nuit vous arrive à temps,

étranglez votre discrétion trop grande, et faites-nous le plaisir, le bien grand plaisir de venir.

Si c'est trop tard, vous prendrez l'engagement de réparer la grande privation que vous nous imposez en venant nous recevoir au retour. Quand on porte ses 83 ans comme vous, on peut encore compter sur de nombreuses années, et Dieu ne nous refusera pas la grande joie de passer devant vous avec le Fanion vert un peu fané, et portant, ce que je souhaite, les traces glorieuses du feu.

Au revoir, mon Commandant : Bien que cette lettre ait peu de chances d'arriver à temps, j'aime à penser que tout espoir de vous voir avant de partir n'est pas entièrement perdu.

Présentez mes hommages à Madame C. et croyez à ma respectueuse et bien vive affection.

A. DE REYNIÈS.

Notre adresse: 6me Groupe Alpins, 14me bataillon de Chasseurs. Corps d'occupation du Maroc Occidental.

Franchise postale pour tous ceux qui nous écrivent.

S..... service postal français ! voilà de les coups !... avec un service normal, la lettre que je n'ai reçue qu'à 5 heures du soir, me serait parvenue à 10 heures du matin, et je pouvais encore me rendre à Marseille où je serais arrivé à 8 heures du soir — Malencontreux postiers va !!.....

Le *Douckala* lève l'ancre vers midi et il vogue rapidement vers Casablanca quand je reçois en carte postale, ce beau navire qui emporte mes nombreux amis vers la gloire, et portant au revers ces quelques mots, les derniers reçus de France : J'ai reçu votre généreux envoi : Toute la 2me vous salue et vous regrette.

H. DE REYNIÈS.

Nos regrets sont réciproques et je vais désormais suivre avec un redoublement d'intérêt les faits et gestes de ce beau bataillon qui, je n'en doute pas, saura cueillir une ample moisson de lauriers.

Que mon Fanion vert conduise la 2me compagnie à de nouveaux succès, et qu'à son retour, je puisse faire ajouter à la mention Rézonville, d'autres noms de nouveaux exploits accomplis par elle

Il me restera néanmoins le regret de ne pouvoir la voir s'illustrer encore, mais à la frontière de l'Est.

J'avais l'espoir qu'un jour, avant de disparaître, je verrais le Fanion vert flottant dans Strasbourg reconquis, mais cette illusion n'est plus permise, la France dégénérée, ne rêve plus que la paix Européenne, et en est réduite pour l'assurer à compter sur ses alliances.

Je ne verrai donc pas la réalisation du vœu de Turenne : *Il ne faut pas qu'il y ait un seul homme de guerre au repos en France, tant qu'il y aura un allemand en Alsace !!.....*

Les Dames de Grenoble offrent
un Fanion au 14ᵉ Chasseurs

En annonçant la décision prise par la Municipalité de Grenoble de recevoir, avant leur départ pour le Maroc, les officiers et sous-officiers du 6ᵉ groupe alpin, nous émettions l'idée que les dames de Grenoble offrent un fanion d'honneur au 14ᵉ bataillon de chasseurs.

Doter d'un fanion d'honneur la fraction la plus importante du vaillant groupe qui va nous quitter était, pensions-nous, pour nos concitoyennes, le moyen le plus populaire et le plus symbolique de témoigner leurs sentiments patriotiques.

Notre pensée a été comprise et, dès hier, avec la rapidité de décision qui caractérise les femmes quand il s'agit d'une délicate attention, un comité était constitué pour recueillir les adhésions.

Mme Cornier voulait bien accepter la présidence de ce comité composé de Mmes Ragis, Eugène Bouchayer et Michoud. Mme Moyrand, dont on sait le gracieux dévouement à toutes les initiatives françaises, consentait à se charger des fonctions de secrétaire-trésorier et à recevoir les souscriptions que les dames de Grenoble voudront bien lui adresser pour le fanion d'honneur du 14ᵉ chasseurs.

L'élan est aujourd'hui donné, et, sous de tels patronages, la liste des adhésions sera rapidement close.

Ajoutons que le fanion sera offert au 14ᵉ chasseurs par les dames de Grenoble au cours de la réception donnée par la municipalité, à l'Hôtel-de-Ville.

Le fanion sera, est-il besoin de le dire, la reproduction exacte de celui du 14ᵉ bataillon, avec son cor de chasse brodé sur la soie tricolore.

✻

En ce qui concerne la soirée organisée, à l'Hôtel-de-Ville, en l'honneur du 6ᵉ groupe alpin, nous croyons savoir que la municipalité a l'intention de donner le plus d'ampleur possible à cette réception patriotique et d'élargir, autant qu'elle le pourra, le cercle de ses invitations.

C'est ainsi qu'elle sera heureuse de recevoir une délégation des soldats du 14ᵉ chasseurs, de la 8ᵉ batterie du 1ᵉʳ de montagne et du détachement du 4ᵉ génie.

D'autre part, en dehors des hautes personnalités que nous avons déjà signalées, seront invités les présidents de toutes les sociétés d'anciens militaires.

Pour rehausser l'éclat de cette solennité, il est très probable que la fanfare du 14ᵉ bataillon de chasseurs sera autorisée à jouer pendant le cours de la soirée et que l'autorité militaire voudra bien, également, permettre à une musique d'un des corps de la garnison de prêter son artistique concours.

Ajoutons que la façade de l'Hôtel-de-Ville et le Jardin de Ville seront illuminés comme pour les soirs de grandes fêtes.

*

De son côté, le *Petit Dauphinois*, dont on sait les sentiments patriotiques, ne pouvait laisser partir notre 6ᵉ groupe alpin sans donner à cette importante unité de notre garnison une marque tangible de son affection et de sa sympathie.

Notre directeur, M. Joseph Besson, a donc décidé de faire remettre au 6ᵉ groupe alpin 1.200 paquets de tabac, dit « caporal », probablement parce qu'il est la joie du soldat qui attend encore son premier galon.

Le directeur du *Petit Dauphinois* prie le 6ᵉ groupe alpin de vouloir bien accepter cette modeste marque d'amitié comme l'hommage d'un vieux camarade, ancien soldat de la légion étrangère, et en souvenir d'un jour tout pareil à ceux-ci, où, lui aussi, il quitta le sol de

France pour s'embarquer d'abord vers l'Afrique, puis pour ces rives du Tonkin, où l'on échangeait des balles, temps heureux dont il garde précieusement la mémoire.

Pour son humble part, le *Petit Dauphinois* sera satisfait s'il a pu contribuer, pour un soir d'adieux, à l'un des éléments de cette trinité profane qui est la grande consolation des petits ennuis du métier de soldat : « le vin, l'amour et le tabac » !

La caserne ne manquera pas de fournir le vin. Quant à l'amour, tout Grenoble aura, ce soir là, pour les futurs héros du Maroc, les yeux que Chimène avait pour Rodrigue.

Ainsi, sera complète la chanson du bivouac.

(Extrait du *Petit Dauphinois*)

———•·———

Départ de Grenoble le Dimanche 6

———

Le départ du 6ᵐᵉ groupe alpin de Grenoble pour Marseille, fut l'objet d'une manifestation grandiose et empreinte du plus pur patriotisme. — Je crois être agréable au lecteur en lui en donnant ici la relation, empruntée au *Petit Dauphinois*.

ENTHOUSIASME GÉNÉRAL

Grenoble n'eut, hier, qu'une pensée : acclamer ses soldats partant pour le Maroc.

Et ce fut une manifestation monstre, magnifique et sans précédent que celle à laquelle prirent part soixante mille de nos concitoyens.

Tout Grenoble était debout pour saluer le départ du 6ᵉ groupe de notre armée des Alpes. Hors de là rien n'existait — pas même le souvenir de la pitoyable mascarade antipatriotique tentée, samedi soir, à l'Eldorado par des métèques et des apaches de l'antimilitarisme.

La chanson populaire, la vraie chanson française fut sonnée, hier, par les clairons de nos Alpins, par leurs alertes fanfares, évoquant les grandes dates des campagnes d'Algérie, de Crimée, d'Italie et de Madagascar.

A aucune époque, notre cité, pourtant à l'avant-garde du patriotisme, ne manifesta, en pareilles masses populaires, sa vibrante sympathie pour ceux qui allaient soutenir la cause de l'honneur français.

De pareilles journées marquent, dans nos annales locales comme dans l'histoire d'un grand pays, d'inoubliables dates, et le retour définitif de l'âme populaire aux traditions qui, séculairement, firent notre force et notre gloire.

Un courant invincible entraîne tous les cœurs vers les nobles devoirs — courant, qui ne demande que les occasions propices pour se donner libre cours et broyer comme fétu de paille tous les braillards de l'internationalisme, tous les provocateurs, alliés conscients ou inconscients des bandits d'outre-Rhin qui rêvent d'un nouveau pillage de notre sol.

L'heure, aujourd'hui, est aux consolantes réalités, elle est toute à la fraction de notre vaillante armée des Alpes appelée au grand honneur de soutenir, dans le nord de l'Afrique resté barbare, la cause de la civilisation française.

Envers ceux de ses enfants qui s'apprêtent à faire plus que leur devoir, Grenoble a fait tout son devoir. Il est impossible de faire plus et de faire mieux. Nous en remercions, nous en félicitons nos concitoyens.

A LA CASERNE BAYARD

Départ du 14ᵐᵉ Chasseurs

Allocution de M. le général Espinasse

Tandis qu'à la gare s'embarquaient les artilleurs et la
section du 4ᵉ génie, avec un matériel assez lourd — embarquement qui, d'ailleurs, eut lieu avec beaucoup de
méthode — les quatre compagnies (2ᵉ, 3ᵉ, 4ᵉ et 5ᵉ) du 14ᵉ
bataillon de chasseurs se formaient, en ligne de compagnies, à gauche de la vaste cour de la caserne Bayard.
La fanfare du bataillon, sous la direction de M. Chignard,
s'était placée en tête des longs alignements où brillait
l'éclat des baïonnettes, à proximité du corps de garde.

Entre la 3ᵉ et la 4ᵉ compagnies. M. le sergent-fourrier
Plauzoles porte haut le fanion offert par les dames de
Grenoble. Mais, a côté de ce fanion et du fanion jaune de
la 5ᵉ compagnie qui, déjà fit campagne, le 14ᵉ bataillon
possède encore un autre fanion. Celui-ci, confié à M. le
sergent-fourrier Bonemaison, est de soie verte. Il a été
offert par M. le capitaine de Garros, qui, en 1870, commandait la 2ᵉ compagnie du 14ᵉ bataillon de chasseurs. Il
porte d'un côté ces mots : 14ᵉ chasseurs, 2ᵉ compagnie,
dans le cor de chasse d'or et parmi des rhododendrons.
De l'autre, il inscrit ces mots de gloire : 16 août 1870 —
Rézonville.

En face des troupes qui partent, se sont placées, rendant les honneurs en même temps que la garde, les 1ʳᵉ et
6ᵉ compagnies bien réduites.

A 4 heures exactement, M. le général Espinasse, accompagné de M. le capitaine Balivet, fait au galop de son cheval, son entrée dans la caserne.

Le commandant de La Rochelambert et son état-major
reçoivent le général et, avec lui, passent une inspection
rapide des troupes, impeccables, solides, vaillantes, ma-
nœuvrant avec une homogénéité merveilleuse.

L'inspection achevée, M. le général Espinasse se place

au centre de la cour. Immédiatement, autour de lui, les quatre compagnies se forment en carré. Et de sa voix vibrante, le général prononce une magnifique allocution que nous ne pouvons que résumer.

— « Chasseurs du 14e bataillon, dit-il, je vous félicite d'avoir été choisis dans l'armée des Alpes, pour aller, au Maroc, contribuer à l'expansion de la France. Vous ferez honneur à ce choix. Vous êtes déjà habitués à la montagne dauphinoise ; elle vous a présenté plus de difficultés que n'en présentera la montagne marocaine.

« Là-bas, sur la terre africaine, vous retrouverez le souvenir des chasseurs de Vincennes, braves parmi les braves. Vous y trouverez de vaillants compagnons de luttes: spahis, chasseurs d'Afrique, légion étrangère. Souvenez-vous des premiers et surpassez les autres.

« Habituez-vous à vous débrouiller ; ne vous étonnez de rien. Mais, lorsque l'occasion se présentera, soyez capables de tout courage. Vos adversaires sont braves. Ils ont la bravoure du corps à corps, de l'arme blanche, avec la traîtrise du coup de feu à l'approche de l'adversaire. A l'assaut, sous la baïonnette, gardez toujours dans le canon du fusil la balle dernière, celle qui conquiert et qui triomphe.

« Au revoir ! j'espère vous retrouver tous bientôt, avec, épinglée à la poitrine, une médaille qui témoignera que vous avez bien servi la France.

« Ne pouvant vous serrer la main à tous, je donne l'accolade à votre commandant, M. de La Rochelambert, que j'ai vu au feu qui vous guidera toujours sur le chemin de l'honneur et de la victoire ! »

Cette allocution provoque une profonde émotion, mais avant même que celle-ci soit calmée, M. le général Espinasse jette un ordre à la fanfare :

— La marche du bataillon et la marche de Sidi-Brahim !

Aussitôt la fanfare joue les deux claironnées glorieuses tandis qu'au dehors un public nombreux applaudit.

Devant M. le général Espinasse — la garde, les 1re et 6e compagnies présentant les armes — à son tour le 14e bataillon défila, martial. hâtant son pas de conquête, puis il quitte la caserne.

LE DÉFILÉ COURS SAINT-ANDRÉ

Le vieux cours — aux arbres plantés par celui qui fut, lui aussi, un patriote d'avant-garde et un bon Grenoblois, — fut le théâtre d'une manifestation patriotique sans précédents dans l'histoire de notre cité.

Sous ses frondaisons déjà jaunies par l'automne, tout ce que Grenoble compte de valide s'empressa, s'empila, se tassa pour apporter à nos vaillants chasseurs alpins le salut le plus cordial, le plus chaleureux.

La foule n'avait négligé aucun belvédère ; beaucoup s'étaient juchés dans les branches des arbres. Quant aux heureux propriétaires ou locataires ayant pignon sur rue, leurs fenêtres étaient bondées.

Sur tout le parcours du 14me chasseurs, on peut dire qu'il n'y eut qu'une seule, qu'une longue acclamation — comme s'il n'y eut eu, dans cette foule, qu'une seule poitrine, qu'un seul et même cœur.

Et, en effet, il n'y avait qu'une âme, l'âme de Grenoble qui vibrait.

« Vivent les chasseurs ! Vive le 14me ! A bientôt ! Au revoir ! » — tel était le cri qui jaillissait au cours de cet impressionnant défilé.

Les incidents furent nombreux et souvent émouvants.

Ici, c'est la foule qui rompt la haie, se jette sur les chasseurs et les embrasse. Plus loin, ce sont les femmes, les jeunes filles, les enfants qui leur jettent à profusion de charmantes gerbes de fleurs.

Lorsque passe le fanion d'honneur offert par les dames de Grenoble, tout le monde se découvre et les acclamations éclatent en tempête.

Des femmes pleurent, — partout l'émotion est générale et profonde.

Mais le sentiment d'orgueil et de fierté nationale et locale reprend vite le dessus et l'on ne se lasse pas d'admirer la vive allure des futurs combattants du Maroc, leur entrain, la gaité qui brille dans leurs yeux.

Les accents entraînants de la fanfare du 14ᵉ achèvent d'électriser la multitude immense qui tient à suivre nos soldats et s'efforce de se diriger, avec eux, vers la place de la Bastille.

Là, comme sur le quai Claude-Bernard, il est matériellement impossible de circuler. Pourtant, l'ordre le plus parfait règne dans cette foule, qui semble tenir à ce que chacun puisse voir le spectacle martial et manifester, sans trop de gêne, son patriotisme.

Les acclamations ne cessent pas et elles accompagnent les vaillants chasseurs jusqu'à la rue Emile-Gueymard et au quai d'embarquement où ils sont attendus.

SUR LE QUAI D'EMBARQUEMENT

Sur le quai d'embarquement, les hautes notabilités civiles et militaires commencent à affluer.

M. le général Saintis, gouverneur de Grenoble, est arrivé l'un des premiers. La batterie à pied qui accompagne l'étendard lui rend les honneurs.

Puis, nous voyons arriver M. le général Courbebaisse, commandant le XIVᵉ corps d'armée, accompagné de son officier d'ordonnance, M. le capitaine Spitz.

Bientôt, M. Cornier, maire de Grenoble et MM. Ragis, Eugène Bouchayer, Paul Michoud et Marcel Benoît, adjoints au maire, et quelques conseillers municipaux, arrivent et sont de la part de toutes les autorités militaires, l'objet du plus aimable accueil.

M. Boncourt, préfet de l'Isère ; M. Paisant secrétaire général de la Préfecture et M. Pozzo di Borgo, chef du cabinet du Préfet, arrivent ensuite. M. Boncourt est très entouré et donne aux généraux et officiers de vives marques de sa sympathie.

Nous remarquons également M. le général Espinasse, commandant la 27ᵉ division ; M. le général Daloz, commandant la 53ᵉ brigade d'infanterie ; M. le commandant Mignot, chef d'Etat-Major ; M. le lieutenant-colonel Coignard. du 140ᵉ d'infanterie, major de la garnison ; M. le lieutenant-colonel Picat, commandant le 1ᵉʳ de montagne ; M. le colonel Maillot, commandant le 140ᵉ ; M. le colonel Goybet, commandant le 30ᵉ chasseurs ; M. le lieutenant-colonel Fromhein, du 2ⁿ d'artillerie ; M. le lieutenant-colonel Gratier, du 12ᵉ chasseurs ; M. le commandant Duprey, du 140ᵉ ; M. le capitaine Borne, du 140ᵉ, etc.

Peu à peu, arrivent tous les généraux et officiers supérieurs de notre garnison. De nombreux officiers de réserve sont également présents.

La Compagnie P.-L.-M. est représentée par M. Peroux, inspecteur principal et par M. Benoit Cattin, inspecteur et divers hauts fonctionnaires.

Les conversations sont intéressantes et cordiales, empreintes de la plus vive sympathie.

L'ENTRÉE EN GARE DU 14ᵐᵉ CHASSEURS

Tout à coup, l'on entend les clameurs de la foule, ses acclamations qui se font de plus en plus vibrantes et chaleureuses. Elles annoncent l'arrivée du 14ᵐᵉ chasseurs.

Déjà l'on entend la marche entraînante du « Père la Victoire » jouée par la fanfare du 14ᵐᵉ que précède son sympathique chef, M. Chignard.

Les chasseurs arrivent sur le quai d'embarquement.

Le général Courbebaisse, les généraux et officiers généraux se sont placés à l'entrée du quai d'embarquement de la rue Emile-Gueymard.

Les clairon : du 14ᵉ sonnent aux champs et le commandant du 6ᵉ groupe alpin fait son entrée à cheval, l'épée haute.

Les fanfares du 12ᵉ et du 30ᵉ bataillons de chasseurs,

massées, également à l'entrée du quai, font entendre la
« Marseillaise », et tout le 14me chasseurs, avec une
allure martiale, l'air fier et joyeux, défile devant le commandant de corps d'armée.

Les officiers ont l'épée haute ; les hommes sont au nouveau port d'armes régiementaire, au bout de leurs fusils,
les gerbes de fleurs dont on les a ornés au passage.

Le moment est solennel et émouvant. Les autorités civiles se découvrent ; les officiers saluent. La batterie à
pied qui encadre l'étendard du 1er de montagne rend les
honneurs au 14me chasseurs.

Les fanions bleu et blanc, puis jaune avec le cor de
chasse symbolique défilent, puis vient le fanion tricolore,
le fanion d'honneur offert par les dames de Grenoble.

Le fanion vert aux franges dorées ferme la marche.

Au dehors les acclamations continuent toujours.

LES ADIEUX

A travers le tourbillon de poussière qu'il a soulevé, le
14me chasseurs se range devant les wagons qui lui sont
destinés.

Il est 5 heures 25. Le clairon sonne, nos Alpins mettent
bas les sacs, pénètrent dans les wagons et mettent leurs
fusils dans les filets.

Cependant, un incident charmant — pittoresque même —
se produit. Le général Courbebaisse avisant, au passage,
le lieutenant Touchon, le fait sortir du rang et l'interpelle :

— Eh bien, mon lieutenant, avant de partir, avez-vous
assuré votre service ?

— Lequel, mon général ?

— Celui du Neyron.

On sait que le lieutenant Touchon[1], du 14e chasseurs,

---

(1) Cet officier remarquable a été au Maroc, ce qu'il était
dans les Alpes, courageux, dévoué et intelligent. — Ses
chefs l'ont porté deux fois pour le grade supérieur, il est très

l'un des membres les plus dévoués du Comité de secours en montagne, n'a cessé de se dévouer lors des nombreux et récents accidents survenus dans les ascensions du redoutable Neyron.

Le commandant du XIVe corps d'armée s'approche ensuite, du commandant du 6e groupe alpin, lui serre cordialement la main et lui renouvelle, avec ses félicitations, ses souhaits de succès et d'heureux retour, en lui demandant de transmettre ses vœux ardents à tout son groupe.

LE TRAIN S'ÉBRANLE

Les derniers adieux s'échangent, La Sidi-Brahim retentit, exécutée par les fanfares du 12e et du 30e chasseurs. Le coup de sifflet du chef de gare retentit, et, lentement, très lentement, le train qui emporte nos braves et nos vaillants alpins, s'ébranle.

Tous, officiers et simples soldats sont debout aux portières des wagons et l'air heureux, souriants et contents, envoient le dernier salut — un salut qu'on leur rend avec une indescriptible émotion.

C'est beau, très beau. C'est impressionnant au dehors, dans le lointain de la gare, les acclamations populaires éclatent plus violentes, plus vibrantes et l'on sent passer sur soi, comme sur la ville, quelque chose de l'âme de notre immortelle patrie.

Le train s'éloigne et la nuit tombe, mais avant de se séparer, autorités civiles et militaires, commandant du

---

ancien lieutenant et hélas..... il rentrera en France comme il en était parti. Ah si, il a reçu une décoration!? celle de l'Aigle rouge de 2me classe que lui a conférée..... l'Empereur d'Allemagne, pour avoir sauvé dans les Alpes, le fils d'un major prussien.

En Allemagne, on sait récompenser le courage et le mérite. Il n'en est plus ainsi chez nous, devenu le pays des mares stagnantes et le pauvre Touchon n'est pas électeur.

XIVᵉ corps d'armée, généraux, préfet, municipalité de Grenoble, échangent de nouveaux souhaits ardents pour les triomphes du 6ᵉ groupe alpin sur la terre d'Afrique et pour le prompt et heureux retour de cette importante unité de notre armée des Alpes, qui laisse un si grand vide au cœur de la cité.

Pour nous, au retour de cette inoubliable journée où Grenoble tout entier, par ses soixante mille manifestants, donna la mesure de son magnifique patriotisme, nous adressons un ultime salut à ceux qui, faisant passer leurs regrets individuels et les familiales douleurs après la grandeur du plus noble des devoirs, ont su, partir pour la bataille, comme on part pour le bal — en beauté.

Oui, nos petits chasseurs alpins sont partis contents pour les rives de gloire — à ce point, et nous tenons le fait du capitaine Rippert qui voulut bien nous le conter, que sur 153 hommes de sa compagnie, on n'en put pas trouver 3 qui voulussent rester.

Il ne fallait que 150 hommes. On dut, pour en éliminer 3, faire agir l'autorité dn médecin major qui imposa aux non élus la dure et redoutée radiation.

Plus que tous les dithyrambes, cette simple, cette modeste anedocte, fait l'éloge de ceux auxquels Grenoble a fait la plus patriotique ovation qui soit.

Et maintenant, aux mères, aux épouses, aux familles nous apportons l'assurance que dans la plus large mesure possible, nous suivrons, sur cette terre d'Afrique, leurs enfants qui sont les nôtres.

LE FANION VERT AU MAROC

N'ayant pu dire adieu à mon cher 14ᵐᵉ, je veux être le premier à saluer son arrivée à Casablanca, et j'y adresse la lettre suivante à M. le capitaine de Reyniès.

V***, 9 octobre 1912.

Mon cher capitaine.

Puisque *Tout*, gens et éléments semblent avoir conspiré pour m'empêcher de vous serrer la main au moment de votre départ pour le Maroc, je tiens à être un des premiers à vous saluer sur la terre ennemie.

Votre lettre du 7 octobre, ne m'est parvenue que le 9 à 10 heures du matin, c'est-à-dire trop tard pour que je puisse me rendre à votre chaleureux et pressant appel. Furieux, je n'ai eu d'autre ressource qu'une plainte à la poste, où l'on m'a expliqué que la tempête avait seule été cause de ce retard ! !..... irréparable pour moi, et j'ai dû m'incliner devant cette fatalité !

Le temps s'est remis au beau, et j'en suis tout heureux, car je suppose que vous aurez une bonne traversée, exempte même de ce maudit mal de mer, et que vous débarquerez tous en parfaite santé à Casablanca, où vous retrouverez un peu de la France et des Français, avant de faire connaissance avec les indigènes Marocains.

Méfiez-vous en, même quand ils vous sourient. Ce sont des gens qui ne cèdent qu'à la force et qui sont toujours à guetter les occasions de vous prouver qu'ils sont irréductibles dans leur haine du Roumi envahisseur.

Soyez toujours en nombre et armés même pour vous promener aux environs de vos campements. Dans les

LE FANION VERT

tribus même soumises, n'oubliez pas que, derrière chaque buisson, un ennemi vous guette, toujours prêt à pro_
fiter d'une imprudence. Dans les petits postes, doublez
les sentinelles et recommandez-leur d'avoir l'œil au guêt
et l'oreille au vent.

Nous n'agissions pas autrement en Kabylie et même en
pays soumis (1858).

J'arrive maintenant au récit d'ensemble de mes impairs,
depuis le jour où me rendant à Nice, à la fin de septembre, je lus dans le *Petit Niçois* l'annonce de votre départ
et ou je m'empressai de vous télégraphier pour en connaître exactement la date exacte. D'abord précipité, il
fut remis au 6 puis au 9 octobre.

La date du 6 me sourit, car elle coïncidait avec le lancement du *Paris*. Malgré mon grand âge, je n'avais jamais assisté à pareille cérémonie, et je me réjouissais de
cette coïncidence avec votre embarquement.

Madame C..., dont la santé était alors parfaite, devait
m'accompagner d'abord à Toulon, puis à Marseille qu'elle
adore et qu'elle est toujours heureuse de revoir.

Malheureusement, la versatilité Ministérielle chavira
nos projets, et une sciatique aussi douloureuse qu'inoppor-
tune immobilisa ma compagne de voyage.

Dans ces conditions, j'abandonnai ma randonnée à
Toulon, où d'ailleurs, le mauvais temps ne m'aurait pas
permis d'assister au lancement du cuirassé, et il fut décidé
que seul, je partirais le lundi 7, où j'assisterais à votre
arrivée à Marseille, et où je passerais quelques bons moments avec vous avant votre embarquement.

Je préparai ma petite valise et j'écrivis au Terminus
pour retenir une chambre. Je devais quitter Vence pour
aller prendre à Nice, l'express de 2 heures 40, qui arrive
à Marseille à 7 heures 40 soir, et après une bonne nuit,
je me mettrais à votre recherche.

Tout était ainsi bien arrêté ; quand Madame C... me fit
observer que j'allais peut-être vous gêner : qu'à la veille
de votre départ, vous aviez occupations et préoccupa-

tions de service, de famille, etc., etc., etc... Et, d'abord hésitant, je finis par partager ses scrupules. — Vous feriez mieux. continua-t-elle, d'envoyer à vos braves chasseurs, la somme que vous coûterait votre déplacement, leur procurant ainsi quelques douceurs, et vous ne risqueriez pas de déranger ces Messieurs, pour lesquels, n'en doutez pas, vous serez un embarras.

Rappelez-vous que M. de Reyniès vous met en garde contre les fatigues d'un tel déplacement à votre âge, etc.

Elle fut si éloquente, que je finis par craindre de devenir indiscret et la mort dans l'âme, je vous expédiai mon mandat-carte, accompagné d'une lettre d'adieux, à laquelle vous vous êtes empressé de répondre : *que puisque ma santé me le permettait,* il me fallait arriver au galop.

Mandat et lettre partis, je m'étais mis à regretter ma décision, et je passai la soirée du 7 et la matinée du 8 à attendre un télégramme d'appel, très décidé au départ cette fois. — Hélas, rien ne vint, et ce n'est que le 9, à 10 heures du matin, que votre bonne lettre me fut remise, provoquant une explosion de colère qui me fit bondir jusqu'au bureau de poste, pour protester contre ces négligences fréquentes de l'administration, qui entraînent des incidents irréparables,

De fait, je regretterai toute ma vie. ce qui ne sera pas bien long il est vrai, de m'être laissé ainsi convaincre, et d'avoir perdu un spectacle magnifique, émouvant et patriotique, par excès de discrétion.

Au retour, il n'en sera pas de même, et si la Parque n'a pas tranché le fil de mes jours, je serai un des premiers à votre débarquement du retour, quand vous nous reviendrez après une courte, glorieuse et fructueuse campagne.

Amitiés à tous, bon courage et bien cordialement,

Commandant H. DE GARROS.

Casablanca, 3 novembre 1912.

MON COMMANDANT,

Depuis notre débarquement, nous sommes à Casablanca où nous montons la garde dans un pays fort paisible... en apparence. — Les santés sont parfaites, bien meilleures qu'à Grenoble. — Cette vaccination contre la fièvre typhoïde est merveilleuse.

Notre traversée a été exquise et nous jouissons d'un climat qui, par sa douceur et sa régularité laisse bien loin derrière lui la Côte d'Azur.

Ici, c'est une ville qui pousse et les terrains, grâce à la spéculation, atteignent des prix fantastiques. L'arrière pays est une mine d'or agricole : il ne faut que des chemins de fer, très faciles à établir dans ces plaines à perte de vue, et un port accessible, pour faire une riche colonie.

Après avoir bien réfléchi pour l'emploi de votre don généreux, j'ai pensé que le mieux serait d'acheter de petits ânes avec, qui porteraient de l'eau ou des sacs ou des vivres. Il en résulterait un bien-être considérable pour les hommes, et la nourriture de ces animaux pourrait être prélevée sur celle des 200 mulets ou chevaux du groupe.

, Le commandant a approuvé et nos petits chasseurs vous bénissent. — Et puis, ils seront si heureux d'avoir quelque chose que n'auront pas les autres.

Au départ, on les revendra ou on les transformera en michouis et on fera une diffa d'honneur.

Au revoir, mon commandant. Tous les officiers s'unissent à moi pour vous envoyer leurs bien fidèles et respectueux souvenirs.

A. DE REYNIÈS.

Dans ma réponse au cher capitaine et par un respect bien humain de ma personne, je le prie de veil-

ler à ce que par une reconnaissance outrée, les braves
chasseurs de la 2ᵉ n'aillent pas jusqu'à donner mon
nom aux auxiliaires à longues oreilles qu'ils tiennent
de ma libéralité...

Je le félicite en outre de son heureuse traversée et
de ses bonnes dispositions à tout admirer sur cette
terre du Maroc où il ne tardera pas, lorsqu'il sera en
colonne dans les tribus insoumises, à affronter le
péril et à subir inévitablement bien des fatigues et
des privations.

Mes prévisions ne tardent pas à se réaliser, ainsi
que me l'annonce la lettre suivante :

Casablanca, 15 décembre 1912.

Mon Commandant,

Nous voulons nous y prendre à l'avance, la 2ᵐᵉ compagnie et moi, pour vous adresser nos meilleurs vœux de
nouvel an.

On dit souvent que le passé est la garantie de l'avenir,
aussi, nous pouvons avoir toute confiance en votre forte
constitution et en votre excellente santé, pour vous assurer avec la grâce de Dieu de bonnes et longues années.
— Nous le prierons dans ce sens et très égoïstement,
car vous êtes notre Mascotte.

Votre fanion vert nous porte bonheur.

C'est la 2ᵐᵉ, et la 2ᵐᵉ toute seule séparée du bataillon,
qui vient d'accomplir la première mission, je ne dis pas
de guerre, mais de confiance qui ait été confiée au bataillon depuis son arrivée. — Il s'agissait de préserver le
nouveau sultan contre toute tentative malveillante de la
part de quelques uns de ses nombreux sujets indépen-
dants, au cours de son voyage de Rabat à Marakech.

La capitale du sud vient de lui être ouverte par l'habi-
leté du colonel Mangin : aussi le voyage impérial a été

tout de suite décidé. — Donc, pendant sa traversée de la Chaouïa le commandant de la région a, par l'ordre du général Lyautey, organisé un flanc-garde composé d'une compagnie du 14ᵐᵉ bataillon : naturellement de la 2ᵐᵉ, et d'un peloton de spahis sénégalais.

L'opération commencée le 2 décembre s'est terminée le 8 dans les meilleures conditions et avec un temps merveilleux.

Nous n'avons pas eu un coup de fusil à tirer, et les indigènes au contraire nous apportaient la « *Mouna* » sous forme de Couss-Couss, d'œufs, etc.

Les chasseurs, malgré deux mois d'inaction ont remarquablement marché pendant cinq jours, sans repos, bivouaquant tous les soirs. — Un beau jour, le convoi de ravitaillement s'est égaré et n'a pu rejoindre que le soir.

Nos hommes ont mangé leurs biscuits en chantant la *Sidi-Brahim*.

Enfin, j'ai terminé mon opération, sans avoir ni un malade ni un traînard.

Mais que dites-vous de cet attelage d'une compagnie alpine, de ces chasseurs des cimes glacées des Alpes, avec ces noirs guerriers des régions brûlées de l'Afrique centrale, pour protéger au nom de la France le sultan du Maroc contre la malveillance possible de ses sujets?... Cela ne pouvait arriver qu'à la 2ᵐᵉ ! ..

C'est une compagnie extraordinaire... vous êtes notre Mascotte !!...

Le fanion vert a fait cette première campagne et il est rentré à Casablanca dimanche dernier, claquant au vent et précédé des spahis sénégalais et de la compagnie.

Les premiers sont de superbes soldats, tous médaillés et comptant de nombreuses années de service. Nos petits chasseurs partageaient leurs vivres avec eux et, de cette vie commune est née une grande intimité entre ces deux armes jadis si éloignées l'une de l'autre.

Au revoir, mon commandant, les officiers et tous les

militaires de la 2ᵐᵉ vous adressent par mon intermédiaire leurs plus respectueux hommages et leurs meilleurs vœux de nouvel an.

Bien affectueusement vôtre

A. de REYNIÈS.

CORPS D'OCCUPATION DU MAROC OCCIDENTAL

CARTE POSTALE

Faire suivre S. V. P.

C'est du champ de bataille que la 2ᵐᵉ vous envoie ses meilleurs vœux de nouvel An. Son baptême de feu a été chaud et glorieux. 20 heures de marche ; 1c heures sous le feu, 4 tués, 3 blessés, mais le but a été atteint et les zouaves du Commandant Massoutier délivrés.

Je vous donnerai plus tard des détails.

En attendant, tous, officiers, sous-ooficiers, caporaux et chasseurs, vous adressent l'hommage de leur plus profond respect et tous leurs vœux.

Monsieur

le Cᵗ De GARROS

Villa Beauséjour

VENCE

(Alpes-Maritimes)

19 février 1913.

Je reçois la carte funèbre suivante :

Monsieur le Commandant de GARROS

VILLA BEAUSÉJOUR

Vence (Alpes-Maritimes).

TROUPES D'OGCUPATION DU MAROC OCCIDENTAL

Le Commandant et les Officiers du 14ᵐᵉ Chasseurs Alpins ont l'honneur de vous faire part de la mort glorieuse de leur camarade le

Lieutenant TOURNAIRE

Blessé mortellement le 24 décembre 1912 au combat livré à Bou-Tazzert, pour la délivrance de Dar-el-Kadi.

V***, le 1er mars 1913.

Mon cher Monsieur de Reyniès,

Vous devez bien penser que je suis très activement les
évènements du Maroc, et tout particulièrement ceux qui
concernent le 14me alpins qui, grâce à vous, est devenu le
prolongement de ma famille. — J'ai donc connu le drame
de Dar-el-Kadi dans toutes ses phases, depuis le 26 décembre jusqu'à la délivrance des zouaves, ou du moins
ce qu'ont bien voulu nous en dire les journaux ; notamment la malechance du pauvre lieutenant Tournaire ;
j'ignore toutefois à quelle fraction du corps il appartenait.

Mourir pour la Patrie, c'est le sort le plus beau, le
plus digne d'envie... etc... etc... je n'en disconviens pas,
ce qui n'empêche pas que la disparition d'un camarade,
si glorieuse soit-elle, est toujours un deuil pour sa famille
et ses camarades. — Ce deuil, vous l'avez éprouvé et ma-
nifesté par votre carte de part, et vous m'y avez associé,
ce dont je vous suis très reconnaissant. — Je partage,
n'en doutez pas, tous vos regrets. A ces regrets bien dus
aux victimes, doit s'ajouter pour leurs familles, pour vous
tous, officiers, gradés et chasseurs, un sentiment de fierté
bien légitime.

Ces faits d'armes de Bou-Tazzert et de Dar-el-Kadi,
d'un dramatique exceptionnel, auréolent de gloire tous
ceux qui y ont participé, et quand vous nous reviendrez,
je veillerai à ce qu'on puisse lire sur votre fanion et celui
du bataillon, en lettres d'or : Bou-Tazzert et Dar-el-Kadi,
et vous applaudir.

Je ne vous cache pas qu'étant donné la situation actuelle
de l'Europe et même de l'Orient. je souhaite pour vous,
pour nous tous que ce soit le plus tôt possible.

Votre place n'est plus là-bas, mais à la frontière des
Alpes insuffisamment préservée, ou à celle de l'Est plus
menacée encore.

Les évènements se précipitent et ce n'est pas sans

motifs que l'Allemagne arme à outrance et augmente
démesurément son armée.

La politique envahissante et brutale de Bismarck se
continue, et l'on peut s'attendre à chaque instant à une
attaque brusquée.

Notre déplorable système parlementaire fait traîner
indéfiniment les résolutions urgentes, et alors que la
Nation est prête et résolue, les parlementaires ne le sont
jamais, s'ils n'y ont pas un intérêt direct. — Quelques
instants leur ont suffi pour s'adjuger 15.000 francs d'in-
demnité législative, et maintenant que le péril est urgent,,
ils se donnent trois mois de vacances : la France peut
attendre.

Cependant, le Ministre a adopté le service de trois ans
sans dispense et a posé la question de confiance, Donc
son adoption ne fait pas de doute, mais quand? S'il en
était autrement, ce serait le gâchis, puis l'invasion à
brève échéance, etc... etc... Dieu nous garde.

Le service de trois ans accepté d'enthousiasme en principe, votre présence au Maroc n'a plus de raison d'être,
l'armée d'Afrique pourra être suffisamment augmentée,
et vous nous reviendrez pour combattre à l'Est et, s'il
plaît à Dieu, pour repousser l'envahisseur et reprendre
la route de Strasbourg et de Metz... Ainsi soit-il.

Vu la circonstance solennelle, je vous embrasse de tout
cœur et vous félicite. Vos succès me rajeunissent et je
suis aussi fier que si j'y avais contribué.

Veuillez présenter mes hommages à votre commandant et à messieurs les officiers, mes félicitations et mes
amitiés.

La carte de part de ce pauvre lieutenant Tournaire,
figure en bonne place sur mon bureau, au milieu de mes
souvenirs militaires.

Recevez, mon cher capitaine, la nouvelle assurance de
ma sincère affection.

H. G.

G***, 7 mars 1913.

Mon Commandant,

Oui, c'est de Grenoble que ma lettre est datée. Il n'y a aucune erreur, quelque grande que puisse être votre surprise.

Pourtant, le bataillon n'est pas rentré ; je ne suis ni malade ni blessé, pas même en disgrâce, mais simplement en permission.

Pour la première fois dans ma vie militaire, j'ai vu offrir des permissions par le chef de corps à ses officiers et ma foi j'en ai profité !

Au retour de Mogador, le commandant Marty nous a dit : Nous allons rester ici un ou deux mois à nous reposer. Ceux qui veulent aller chez eux peuvent le faire.

Et tout d'abord, je ne comprends rien à mon silence auprès de vous. Je croyais vous avoir mis au courant de mes faits et gestes, en particulier après Dar-el Kadi ; je vois que ma lettre aura dû rester en route. Je commence par la tête.

Oui, nous n'avons plus le commandant de la Rochelambert, mis en disgrâce . il est rentré en France et mis d'office dans un régiment de ligne.

Quant aux éloges décernés au commandant Marty, il ne pouvait les mériter, n'ayant pas encore commandé le bataillon au cours des dernières opérations. — Nous avons fait trois colonnes et assisté à cinq violents combats. Le commandant de la Rochelambert était à notre tête pour la première colonne, le 24 décembre, combat de Bou-Tazzert ; le capitaine Girard a pris le commandement pour la deuxième colonne. Il commandait le bataillon les 7 et 8 janvier aux combats de Bordj-Tsaraïdi et de Tamerzagt. Enfin, le capitaine adjudant-major étant entré à l'hôpital, c'est votre serviteur qui a eu l'honneur de commander le 14me dans la dernière colonne contre Anflous, et de le conduire au feu les 24 et 25 janvier.

J'ai remis le commandement au commandant Marty, le 7 février à Mogador quand tout était terminé.

Hélas oui, nous avons eu de la casse... et la 2me, comme en 1870, tient le record. — Au cours des colonnes, elle a eu 4 tués et 5 blessés. — Elle a subi toutes ces pertes presque le même jour, le 24 décembre pour notre baptême du feu : *4 tués, 3 blessés.*

Elle a eu à remplir des missions de confiance dont elle s'est bien acquittée : avant-postes, avant-garde, arrière-garde et protection de l'abreuvoir le 24 janvier.

Je vous ferai recopier son journal de marche : *Il ne m'est pas parvenu.*

Sa plus belle page est au combat de Bou-Tazzert, quand nous sommes allés débloquer les zouaves du commandant Massautier.

Vers 8 h. 30 ou 9 heures, nous arrivions sous bois, après avoir traversé sans perdre un homme, un terrain sillonné par les balles.

La compagnie qui venait de marcher avec les quatre sections à la même hauteur, chaque section en colonne par deux, se reformait à l'abri du découvert en colonne par deux.

Elle avait à sa droite et à quelques pas, le général Brulard, son Etat-Major, une section d'artillerie et l'ambulance ; à sa gauche, une légère ondulation du sol qui masquait le terrain au-delà à dix ou douze mètres de nous.

Dans cette situation, j'entends brusquement des vociférations terribles et très voisines dans le bois à notre gauche.

Je n'hésite pas une minute : mettre la baïonnette au canon et porter le peloton Chevalier — *le premier sous ma main* — au pas de course à la crête, fut l'affaire d'un instant.

Il était temps !... L'ennemi était à quelques mètres, et vous devinez le grabuge qu'il aurait fait, au milieu des objectifs dont je viens de vous parler plus haut.

Les Marocains, saisis par la vue de ces uniformes nouveaux pour eux, et la vue inattendue des baïonnettes si proches et qu'ils craignent tant, firent demi-tour et allèrent s'embusquer à une centaine de mètres en arrière.

J'empêchai le peloton de les suivre sous bois, donnant l'ordre de tenir la crête couronnée en cet endroit par un petit mur de pierre. Nos petits chasseurs furent superbes. L'ennemi dirigeait sur eux un feu violent et bien ajusté. Les nôtres répondirent avec un calme épatant et qui a étonné les anciens officiers d'Afrique. Dociles comme jamais, ramassant les cartouches des tués ou blessés, ne touchant à ces derniers sans en avoir reçu l'ordre, ils ont fait l'admiration de tous.

C'est dans ce mouvement que la compagnie a fait presque toutes ses pertes : 2 tués et 3 blessés.

Après quatre heures de lutte terrible sous bois, nous nous sommes reformés en carré pour continuer notre marche vers Dar-el-Kadi.

Il restait vingt kilomètres à faire en pays inconnu et difficile. Nous étions complètement enveloppés par un ennemi acharné, et nous étions alourdis par le convoi de nos nombreux blessés.

Grâce à l'énergie du général Brulard et au courage de tous, la reprise de la marche a été irréprochable, splendide. Nous avons avancé fusillant tout devant nous sans répondre au feu de l'ennemi posté sur le flanc gauche. — Ce dernier, saisi de notre aplomb, nous a laissé échapper et, à onze heures du soir, après 20 heures marche et onze heures de combat, sans boire ni manger, nous rendions la liberté aux zouaves.

Voilà en quelques lignes la journée de *Dar-el-Kadi* et le combat de *Bou-Tazzert*. — Quant à la 2me, un officier d'artillerie m'a déclaré que si elle était arrivée deux minutes plus tard..... le général, les ambulances, l'artillerie, etc..... nous étions tous f...tus ! !.....

Dans la colonne des 7 et 8 janvier, la 2me s'est signalée dans des circonstances plus modestes, mais non moins utiles. On marchait et on se battait depuis plus de 48 heures sans boire ni manger, ou à peu près. — Le soir du 8, les hommes du Bataillon commençaient à être sérieusement fatigués. — Ils venaient de gravir péniblement une colline d'une centaine de mètres de relief. Tout d'un coup on vient nous aviser que l'artillerie montée ne peut plus suivre. — Le lieutenant Touchon demande quelques volontaires dans la Compagnie. Il s'en présente une trentaine, qui, peu après, revenaient hissant une pièce à bras.

L'exemple est contagieux et, finalement, c'est le Bataillon qui a monté à bras toute la section d'artillerie — 10 voitures. — Enfin, dans la colonne dernière, le 24 janvier, la 2me a encore une belle page…

On me fait demander une Compagnie pour protéger l'abreuvoir. Touchon commandait la Compagnie, puisque je commandais le Bataillon. Le combat venait de finir et on venait de dresser le camp. Les hommes allaient manger. — L'ordre arrive à la 2me de partir… et on laisse en plan le déjeuner pourtant bien gagné. — Il était 1 h. 30 de l'après-midi. — Voilà la 2me, au pas de course, dégringolant sous le feu, les pentes allant à la rivière où devaient boire les mulets et les chevaux de la colonne. — L'ennemi embusqué jusque dans les arbres de la rive opposée, tire sans interruption.

La 2me, appuyée par une Compagnie de Tirailleurs, franchit l'Oued, va se poster sur la rive opposée et protège par son feu pendant près de deux heures l'opération de l'abreuvoir. Elle se dégage ensuite très habilement par échelons, et rentre au camp avec trois hommes atteints, dont un clairon très sérieusement. — Si la Compagnie n'avait été si habilement et si énergiquement dirigée, elle aurait laissé du monde par terre.

J'ai profité de l'occasion pour proposer le lieutenant *Touchon* pour le grade de capitaine et demander une citation pour le sous-lieutenant *Chevalier*.

Voilà, mon Commandant, comment s'est comportée la

2me au cours des opérations contre Anflous. Les circonstances n'ont pas été extraordinaires, mais elle a partout
et toujours rempli de son mieux son devoir militaire. —
Elle y a partout réussi.

Comme vous êtes un peu notre père, je dois vous dire,
contre toute modestie, qu'à Mogador, au retour de la
colonne d'Anflous, le général Brulard m'a chaudement
félicité sur la façon dont j'avais commandé le Bataillon.

Je ne sais ce qui en résultera pour moi... Peut-être
une citation, peut-être rien !... Mais je garderai comme
un précieux souvenir d'avoir commandé le 14me pendant
une colonne de 18 jours, d'avoir été avec lui une fois
d'extrême arrière-garde et une fois d'avant-garde, d'avoir
escorté un convoi de malades et de blessés, et enfin, de
l'avoir, deux fois de suite, conduit au feu : les 24 et
25 janvier.

Et maintenant, grandeur et décadence..... Après
avoir mené au feu le 14me Bataillon de Chasseurs, je
n'aurais bientôt plus ma chère, *notre chère* 2me Compagnie. Je n'aurai plus qu'une Compagnie... de papiers !...
On va sans doute me faire rentrer en France au cadre
complémentaire... C'est mon tour de plus ancien capitaine de Compagnie... Je n'ai donc rien à dire !.....

J'aurais le regret de voir le Bataillon, la 2me, aller
chercher vers Tazza de nouveaux lauriers pendant que
je passerai la revue de mes contrôles de réservistes. —
Il faut dire que le père de famille ne peut pas se plaindre
et que, si mon séjour au Maroc n'a pas été long, j'y aurai
vu, comme disait le général Brulard, ce qu'il y a de
mieux jusqu'ici.

Au revoir, mon commandant, si je reviens en France
définitivement, je ferai tout mon possible pour aller vous
faire une petite visite et vous conter de vive voix tout
ce qui ne saurait trouver place dans cette lettre déjà trop
longue.

Comptez toujours sur mon bien respectueux attachement.

Toute la 2ᵐᵉ et tout particulièrement ses officiers vous remercient de votre souvenir, et vous prient d'agréer les sentiments de leur très vive reconnaissance.

H. DE R...

3, Square des Postes — Grenoble.

Je regrette qu'il ne m'ait pas mentionné un incident de la prise de la Kasbah d'Anflous, dont j'ai lu la relation dans un journal.

Les chasseurs du 14ᵐᵉ après s'être emparés de la Casbah, ou plutôt ceux qui s'en emparèrent les premiers, n'ayant pas de drapeau à planter sur son faîte, en confectionnèrent un avec une couverture bleue, une toile de tente blanche et une veste de spahis. Tel quel, il flottait gaiement, quand le général Franchet d'Espérey le recueillit, l'affaire terminée, et le porta lui-même au Musée de l'Armée des Invalides quand il se rendit en permission à Paris quelques jours après ce fait d'armes.

7.

RÉFLEXIONS PERSONNELLES

N'ayant jamais vu au cours de mes nombreuses campagnes et en présence de l'ennemi, des officiers demander.
et obtenir, ou obtenir sans les avoir sollicitées, des permissions pour aller voir famille ou amis en cours d'opérations de guerre, et ce, d'Afrique en France, je fus litté-
ralement congestionné par la lecture de cette lettre.

Au lieu de félicitations pourtant bien dues à sa bravoure, et à sa brillante conduite à la tête du bataillon
qu'il commandait provisoirement, j'envoyai à mon cher
correspondant, une lettre traduisant vivement ma stupéfaction de l'octroi d'aussi étranges faveurs et par surcroît,
mon étonnement de sa philosophique résignation à accepter, sans récriminer, la mutation qui allait lui enlever le
commandement de sa compagnie pour le transformer en
comptable au nom d'une étrange conception administra-
trative.

De son propre aveu, il n'aurait dorénavant comme
capitaine de complément, d'autre souci que celui d'une
compagnie en papier, — *ce sont bien ses propres expres-
sions* — et il ajoute : On va sans doute me faire rentrer
en France au cadre complémentaire. C'est mon tour.....
de plus ancien capitaine de compagnie « *il a 40 ans* »
et je n'ai rien à dire.

Déjà suffoqué de cette hérésie administrative : enlever
à sa compagnie, devant l'ennemi, un capitaine qui vient
à plusieurs reprises de se distinguer dans le commandement éventuel de tout un bataillon qu'il a conduit au feu,
au point de recevoir les félicitations officielles de ses
Généraux ; qui par surcroît connaît ses hommes pour les
avoir commandés pendant — neuf ans — et cela pour en
faire un capitaine de complément n'ayant plus qu'à se
préoccuper de la tenue régulière de registres, je le suis
plus de le voir remplacé par un capitaine étranger au

Corps, appelé à conduire au feu des hommes qu'il ne connait pas et qui ne le connaissent pas davantage.

Il paraît que c'est le nouveau règlement qui prescrit ces criminelles mutations d'office, évidemment préjudiciables, tout au moins momentanément, au succès des opérations de guerre, des unités auxquelles on les impose.

Pénétré de la justesse de mes observations, je les transmets peut-être avec un peu trop de vivacité à mon jeune capitaine, bien que déjà ancien de grade et bien en posture d'obtenir le grade supérieur, pour lequel il est d'ailleurs proposé, je m'empresse le lendemain, sans attendre de réponse, d'envoyer une seconde lettre de nature à affaiblir les rigueurs de la première.

Quelques jours après, je reçois l'épître suivante clôturant la question.

A bord de *La Chaouia*, 16 mars 1913.

Mon Commandant,

C'est en route pour le Maroc, où nous venons d'être rappelés par dépêche, que je réponds à vos deux bonnes dernières lettres.

Ne vous en excusez pas, car elles prouvent bien l'intérêt que vous voulez bien me témoigner.

Tout d'abord, je reconnais que le Commandant a eu une initiative aimable pour nous, mais qui ne correspond pas à la situation d'une troupe qui, pour être au repos, n'en était pas moins en campagne. Toutefois, son initiative bienveillante a été entièrement approuvée par le Général de division, qui signe les titres de permission.

Quant à mon affectation au cadre complémentaire, il n'y a rien à y faire. C'est une règle établie depuis longtemps que le Ministre vient d'appliquer aux troupes du Maroc. Quand le cadre complémentaire devient vacant, c'est le plus ancien capitaine de compagnie qui doit y passer.

C'est même logique, car en principe, les jeunes capitai-

nes ont plus d'aptitudes physiques ou autres, nécessaires
à un commandement de compagnie. La règle a quelques
exceptions malheureuses, ce sont des exceptions, mais la
règle au fond est logique.

Malheureusement, on ne l'avait pas reconnu au début,
et il y a quelques années encore, c'était le plus jeune
capitaine, le dernier arrivé que l'on mettait au cadre.
J'aurai été victime de ces variations, car lorsque j'étais
tout jeune capitaine, c'était la dernière combinaison qui
était appliquée.

J'aurai donc été au cadre deux fois : une fois parce que
j'étais le plus jeune, et cette fois parce que je suis le plus
ancien.

Mais je reconnais, malgré l'ennui qui en résulte pour
moi, au point de vue militaire, que la nouvelle façon de
faire, réunit en théorie tous les avantages.

Moins de changements dans la mobilisation, qui a
besoin d'être préparée avec un peu d'esprit de suite et
d'expérience. On ne maintient pas dans un bureau un
jeune capitaine qui, théoriquement, doit bouillir d'ardeur.
Voilà pourquoi je m'incline sans rien dire, mais non pas
sans regretter ma chère 2me.

Le bataillon est reparti en colonne, et ma mutation
ne peut se produire qu'au retour. Cela ne m'empêchera
pas de veiller à ce que l'on ne m'oublie pas, bien que par
définition, les absents crient toujours à tort.

Je vous écrirai pour vous tenir au courant de mes faits
et gestes, et pour vous prévenir quand je passerai ma
chère, notre chère 2me à mon successeur, M. le capitaine
Tonnot qui l'attend avec impatience. Il est fort gentil,
très militaire de race, d'esprit sûr et excellent : ancien
élève de la Flèche et de Saint-Cyr. (comme *Chakri-Pacha*
et vous).

Je le mettrai au courant des traditions de la compagnie
de Rézonville..... Je dis Rézonville, car Rézonville reste
toujours son vrai titre de gloire. — Dur-el-Kadi à côté,
n'est qu'une bataille d'enfants.

Enfin, la jeune 2me a ajouté une belle page à son his·
toire, et a prouvé que si les événements la conduisent
bientôt sur le Rhin, elle sera à la hauteur de ses ainés.

Au revoir, mon Commandant, et comptez toujours sur
ma bien respectueuse affection.

A. DE REYNIÈS.

RÉFLEXIONS : Que de chinoiseries. — Si le capitaine de
Reyniès devait subir cette mutation, perdre son commandement 4 mois après son entrée en campagne, on aurait du la
faire avant le départ de France. Le règlement ainsi interprêté est
une cause de trouble et d'affaiblissement, pour une troupe aux
prises avec l'ennemi, et ces règlements administratifs ne
tiennent pas debout en campagne.

D'autre part, puisque le capitaine de Reyniès avait été déjà
au cadre de complément c'était une raison de plus pour lui
maintenir son commandement. Pourquoi ne pas y mettre par
exemple l'adjudant major qui était à l'hôpital et avait besoin
d'une convalescence ? où un autre capitaine pris en France.

Les considérations administratives en campagne doivent
céder le pas aux contingences sévères du commandement.

Cette mesure administrative qui va prendre à la tête
de ses hommes pour le transformer en comptable, ce
qu'est en réalité un capitaine de complément, un capitaine
âgé de 41 ans, en pleine vigueur physique et intellectuelle,
qui pendant les quelques mois qu'il a passés au Maroc,
exactement 10 mois, a assisté à 14 combats ; récolté une
citation à l'ordre de l'armée. — Bou-Tazzert, 24 décembre 1912 qui l'a fait porter au tableau pour la croix ; qui,
commandant son bataillon pendant un intérim de 18 jours,
l'a conduit deux fois au feu, notamment à la prise d'Anflous où il s'est particulièrement distingué, et a été
proposé pour Chef de Bataillon par le général Brulard,
commandant de la colonne — 24, 25 et 26 janvier 1913 —
n'est-ce pas une véritable hérésie militaire ?.....

Les événements qui vont suivre ne tarderont pas à justifier mes critiques. C'est d'abord un brusque soulèvement de tribus récemment soumises qui nécessite le rappel des permissionnaires. Ce que m'apprend la lettre suivante :

Dechra-Braksa, 2 avril 1912.

Mon Commandant,

Ne cherchez pas sur une carte du Maroc où se trouve Dechra-el-Braksa Vous vous fatiguerez les yeux sans résultat.

Ce site important qui se compose de quatre grands et longs murs, vient de nous servir de garnison et de point d'appui pour la colonne. Il se trouve à 150 kilomètres à l'est de Casablanca, près de l'Oumm-el-Rébia.

Cetta Dechra est construite au bord d'un grand plateau formant un immense balcon sur la large plaine de l'Oumm-el-Rébia — rive droite — à 50 kilomètres et en face de l'Atlas. Le point de vue est superbe et avec celui des dunes de Mogador, vers l'Océan, je n'en connais pas encore de plus beau au Maroc.

Au premier plan, l'Atlas moyen déroule ses montagnes déjà respectables avec leurs 2.000 à 2.500 mètres d'altitude. A l'arrière plan se profile, tout blanc de neige, l'écran du grand Atlas, avec ses reliefs de 4.500 mètres. C'est là que nous venons de rejoindre le bataillon, car depuis plus d'un mois, il est reparti en colonne [1]. Vous voyez qu'il ne moisit pas,

On comptait sur au moins deux mois de repos à Casablanca, et c'était la raison de notre envoi en permission. MM. les Marocains en ont décidé autrement. Après les agitations du Sud, voilà les agitations du Centre, sans compter celles du Nord.

_____

(1) Les permissionnaires de fin février.

Ce que vous disait L..... est bien vrai : tout le monde
ou presque est aux avant-postes et les quelques troupes
disponibles se retrouvent partout où ça chauffe.

C'est ainsi que nous nous retrouvons ici avec toutes
les troupes à peu près avec lesquelles nous étions à Mogador. Le bataillon, en particulier, est une troupe de réserve, et c'est à ce titre qu'il est expédié dans tous les
sens, et prend part à de nombreuses colonnes. En attendant, il acquiert une excellente réputation et les indigènes
nous ont baptisés les — Schleurs — de France. Les
Schleurs sont ici les Berbères montagnards, les meilleurs
fantassins que l'on puisse rêver, les kabyles du pays.

Quelques jours avant notre arrivée [1], les 2ᵐᵉ et 4ᵐᵉ
compagnies du bataillon, faisaient partie de l'escorte d'un
convoi, ont eu un brillant fait d'armes. Je ne vous éton-
nerai pas en vous disant que la 2ᵐᵉ a été particulièrement
remarquée, et que sa 3ᵐᵉ section, sous les ordres du sergent-major Planet a eu une attitude superbe. Voici l'histoire : Ou rentrait au camp, la 2ᵐᵉ était avant-garde, sous
les ordres du lieutenant Touchon. Elle avançait sur un
plateau sous le feu, méthodiquement comme à la manœuvre, les échelons de tir protégeant par leur feu, les échelons de marche. Trois sections étaient déployées sur le
front, la 3ᵐᵉ section en échelon à droite s'avançait couvrant la compagnie de ce côté.

La colonne suivait un plateau allongé et étroit, de part
et d'autre, des pentes douces la raccordaient à la plaine.

En arrière de la 3ᵐᵉ section de la compagnie, le flanc
droit de la colonne était couvert par une compagnie de
sénégalais et une compagnie de zouaves, éclairés encore
plus à droite par des spahis.

Tout d'un coup, d'un repli de terrain surgissent des
milliers de cavaliers arabes à assez grande distance, très
éparpillés dans la plaine, qui en était parsemée.

---

(1) Il s'agit des permissionnaires rejoignant la colonne.

Comme une trombe, ces cavaliers abordent le plateau et ramènent vigoureusement les quelques spahis, et ce qui est plus malheureux les compagnies de zouaves et de sénégalais. Il ne restait plus que la 3ᵐᵉ section de la 2ᵐᵉ compagnie pour couvrir le flanc.

Débordée par l'ennemi, elle tient crânement tête à la charge. Le sergent-major Planet, soutient très énergiquement le courage de nos petits chasseurs ; il se défend à coups de révolver, les hommes à coups de fusil et de baïonnette, ils ne reculent pas d'un pas. La 2ᵐᵉ section de la compagnie vient à leur secours ; la 4ᵐᵉ section, la section Chevalier, se porte très habilement sur le flanc des cavaliers qui abordaient de front la 3ᵐᵉ section et les fusille si efficacement qu'ils abandonnent la lutte.

Après la charge, la 3ᵐᵉ section avait son chef, le sergent-major, blessé grièvement, un chasseur tué et cinq blessés. Tout cela s'était passé en quelques minutes.

Le lieutenant Touchon a été de nouveau proposé pour capitaine (3ᵐᵉ fois) et le sergent-major pour la médaille militaire.

J'étais fier de la 2ᵐᵉ et bien jaloux de n'avoir pas été à sa tête ce jour-là, 15 mars ! j'étais heureux de l'avoir retrouvée..... Hélas !..... le 1ᵉʳ avril me réservait un cruel poisson d'avril. ... A cette date, j'ai été officiellement affecté au cadre complémentaire, et le lendemain je faisais mes adieux à la chère 2ᵐᵉ compagnie. Je reste toutefois au bataillon, où je remplace provisoirement le capitaine adjudant-major absent.

Enfin, je termine par une bonne nouvelle qui met un peu de baume sur une blessure : je suis proposé pour le grade de Chef de Bataillon à la suite des opérations autour de Mogador.

Cette proposition a été transmise *avec avis très favorable par toute la hiérarchie*, et doit être en ce moment au Ministère ?... Je n'ai qu'à attendre le sort qu'on lui réserve en haut-lieu.

J'ai reçu ici au Maroc votre bonne lettre du 3 mars.

En terminant, je tiens à vous dire que j'ai remis la 2ᵐᵉ en bonnes mains. — Son nouveau capitaine est le capitaine Tounot venu par promotion du 2ᵉ Bataillon d'Afrique. Il est fils du colonel d'infanterie de marine.

C'est un garçon droit et sur : ancien St-Cyrien et animé d'un bon esprit militaire. — Il maintiendra les traditions.

Au revoir, mon Commandant et croyez à mon bien fidèle et respectueux attachement.

A. DE R...

La lecture de cette lettre, tout en me comblant de joie des succès de mes petits-fils, me laisse une impression pénible : celle de constater les tristes conséquences des permissions accordées au retour de Mogador, qui font que le capitaine de R... a perdu une occasion de se distinguer une fois de plus à Déchra, ce qui assurait certainement sa candidature au grade supérieur, et de le voir par surcroît *promu* capitaine de complément. — *Lex* soit : mais *dura lex*.

La 2ᵐᵉ entraînée comme elle l'est, et particulièrement favorisée par les événements qui se succèdent si rapidement, mettant en relief sa valeur vraiment exceptionnelle, eût assuré sa nomination par de nouvelles prouesses. Le nouveau capitaine peut être justement fier de la commander.

La bravoure semble être de tradition dans cette unité, et je suis bien heureux de le constater.

En même temps que M. de Reyniès m'annonçait son changement de situation, M. le capitaine Tounot, son successeur, veut bien m'adresser la lettre suivante qui me cause une véritable gène, car elle m'attribue une importance un peu exagérée.

Je suis confus des nouveaux hommages qui se continuent et qui m'honorent singulièrement.

Voici la lettre de cet officier venu des bataillons

d'Afrique, — vulgo des zéphyrs — par promotion au choix. Il est fils d'un colonel d'infanterie de marine, et comme moi ancien élève de La Flèche et de Saint-Cyr.

Déchra-Braksa, 1er avril.

Mon Commandant,

Prenant aujourd'hui le commandement de la 2e compagnie du 14e Chasseurs Alpins, j'ai l'honneur de me présenter à vous qui fûtes son ancien chef.

Le capitaine de Reyniès m'a dit l'histoire de la compagnie, la part que vous avez dans son glorieux passé, et tout l'intérêt que vous portez à la compagnie actuelle.

Je me permettrai donc de vous tenir au courant des opérations auxquelles prendra part la compagnie, et dans lesquelles nous chercherons tous à suivre le glorieux exemple de nos aînés.

Nous sommes actuellement en colonne vers les Tadla depuis le 4 mars. La compagnie n'a assisté jusqu'à présent qu'à un seul combat, le 16 mars.

Elle y a eu, sous les ordres du lieutenant Touchon, un rôle brillant, arrêtant par son feu une charge de Marocains qui, ayant bousculé une compagnie de Sénégalais, allaient venir sur le convoi.

Une section, en particulier, celle du sergent-major Planet a eu à lutter presque corps à corps avec ces cavaliers qui se montrèrent particulièrement acharnés, mais qui durent se replier devant l'énergique résistance de nos chasseurs. Malheureusement, dans ce combat, la compagnie a eu un chasseur tué et six blessés dont le sergent-major Planet et trois blessés légèrement.

Depuis, notre colonne, renforcée par deux bataillons de tirailleurs algériens, est passée sous les ordres du colonel Mangin.

Nous rayonnons toujours actuellement dans le pays des Smadlah, pour amener cette tribu à se soumettre, ce qui n'est plus que l'affaire d'un jour ou deux, car ils sont sur les dents.

Nous irons ensuite vers Kasbah-Tadla, pour former la jonction au Sud avec Merrakech. Cela nous promet encore un bon mois de colonne, au cours duquel il y aura, j'espère, de belles journées pour la compagnie.

Je me ferai un devoir de vous dire le rôle qu'elle y aura tenu.

Recevez, mon Commandant, l'assurance de mon respectueux dévouement.

TOUNOT.

— Je m'empresse de lui répondre ainsi qu'à M. de Reyniès :

V***, 15 avril 1913.

MON CHER CAMARADE,

Je viens de recevoir votre lettre datée de Dechra-Braksa 1er avril, et suis vraiment confus du poisson que vous a servi à mon profit cet excellent ami de Reyniès, en vous incitant à l'écrire.

Je vous remercie de votre extrême courtoisie et vous en suis très reconnaissant, mais il me serait souverainement désagréable qu'elle puisse être considérée par vous comme la rançon obligatoire de l'importance exagérée que m'attribue cet ami dévoué qu'est pour moi M. le capitaine de Reyniès, en faisant de moi un personnage.... un peu encombrant en la circonstance.

Cette correspondance avec l'unité que j'ai commandée pendant dix ans, a été une gâterie du brave capitaine qui ne saurait engager son successeur.

Toutefois, si ce surcroît de besogne ne vous effraie pas, je serai heureux, n'en doutez pas, de la continuer avec vous qui m'êtes déjà sympathique par notre communauté d'origine. Comme vous, j'ai été Fléchois et Saint-Cyrien.

Après ce préambule embarrassant et embarrassé, mais

nécessaire, je vous félicite d'un avancement qui vous met à la tête d'une compagnie de braves garçons, ce qui vous change un peu [1], et par surcroît de braves tout court, qui après quelques mois de Maroc, ont déjà un actif de brillantes prouesses : *Tazzert, El-Kad, l'Abreuvoir, Anflous* et tout dernièrement *Dechra-el-Bracksa*, qui consacre définitivement sa réputation, et mettent en vedette vos collaborateurs actuels, *vos brillants collaborateurs* MM. Touchon et Chevalier et un cadre d'excellents sous-officiers avec, à sa tête un héros, le sergent-major Planet.

Il me semble que les récompenses dues à tous ces braves se font bien attendre.

Veuillez agréer, mon cher Camarade, avec mes remercîments, l'assurance de mes sentiments dévoués.

H. G.

La chinoiserie administrative est accomplie, je reçois le 10 mai, la lettre suivante de Casablanca.

Casablanca, 10 mai 1913.

Mon Commandant,

Je rentre donc seul en France par le bateau du 16 et avec des possibilités de retour au Maroc.

En effet, le capitaine Girard vient d'être mis au tableau. S'il est nommé avant la rentrée du bataillon en France, je retournerai au Maroc comme adjudant-major.

Dans tous les cas, si le bataillon rentrait en France prochainement, le commandant m'a donné l'ordre de venir à Marseille, au devant du bataillon, pour être à côté de lui à la fête, comme je l'ai été sous les balles.

Ne vous dérangez donc pas pour moi seul, mon commandant, si la chose m'est possible, j'irai plutôt vous voir à Nice, pendant mon séjour en France.

---

(1) Il venait de l'infanterie légère d'Afrique.

J'aimerais vous conter de vive voix nos faits et gestes
et surtout avoir le plaisir de vous revoir.

Vous avez dû voir dans les journaux mon inscription
pour la Légion d'honneur. — C'est tout récent.

Certes je serai fier de porter cette croix que je dois
à l'ancienneté, assaisonnée de quelques balles ; mais au
fond, au Ministère, on m'a joué un mauvais tour.

J'avais été proposé pour chef de bataillon avec l'adjudant major. Il est plus que normal que l'on n'inscrive
que l'un de nous deux, et naturellement le plus ancien [1]
J'aurais préféré ne recevoir aucune récompense, car à la
suite de ma nouvelle campagne de Tadla, j'eusse été
l'objet d'une seconde proposition pour le grade.

La Croix me coupe l'herbe sous les pieds ! ! !..... En
outre, elle serait arrivée automatiquement l'an prochain.

Vous allez dire que je suis bien intéressé [1] et que
l'esprit militaire exige plus d'abnégation. — C'est cent
fois vrai, mais je vous parle comme à mon père, et puis
une carrière convenable ne saurait nuire à mes enfants.

Au fond, je suis surtout fier de ma citation pour le
24 décembre. Je vous l'adresse, puisqu'elle fait partie
de l'histoire de la 2ᵐᵉ compagnie, comme la vôtre à
Rézonville, sans la valoir toutefois.

Maroc Occidental. — Citation a l'ordre de l'Armée

« Au combat du 24 décembre 1912, a conduit sa
« compagnie d'une façon remarquable, se distinguant
« par l'intrépidité avec laquelle il opérait en avant et
« sous une grêle de balles ses reconnaissances du terrain,
« comme la vigueur et le sang-froid avec lesquels il
« soutint sur le flanc gauche le principal effort. »

---

(1) Mon esprit de justice m'empêche de m'associer à votre
raisonnement. Il ne s'agit pas d'ancienneté, mais de faits de
guerre. Votre citation à Tazzert et votre fait d'armes d'Anflous
à la tête du bataillon justifiaient votre nomination.

Voilà, au mépris de la plus vulgaire modestie, ma citation. Pardonnez-moi..... c'est la faute au Fanion vert..... pour être digne de lui et de mes aînés.

Au revoir, mon Commandant ; à bientôt sans doute le plaisir de vous retrouver.

Recevez l'assurance de mon très affectueux et respectueux attachement.

A. DE R...

Brave et brillant officier, excellent homme, instruit, distingué, militaire dans l'âme, il honore sa profession par son mérite personnel certes, mais surtout par sa manière de la comprendre et de la glorifier.

Son ancien chef de corps, aujourd'hui général Blazer, m'en avait fait le plus grand éloge en 1906, lors de mon séjour à Embrun.

C'est un charmeur, un entraîneur d'hommes : il en fait ce qu'il veut. Tous l'aiment, l'apprécient et je comprends qu'au combat, rien ne puisse lui résister.

Il en a donné la preuve à Tazzert, où cependant il entendait siffler les balles pour la première fois. Son sang-froid, sa bravoure, son coup d'œil, lui ont valu cette très belle citation à l'ordre de l'armée. Il a de nouveau affirmé, dans un intérim de 18 jours qui lui donnait le commandement de son bataillon qu'il a par deux fois conduit au feu, ses brillantes qualités de chef et de soldat intrépide et mérité l'avancement demandé pour lui par l'unanimité de ses chefs au Maroc ; demande mise au panier au Ministère de la Guerre, dans les tiroirs duquel, très vraisemblablement, malgré les affirmations officielles, sont restées quelques fiches scélérates.

Le même ostracisme frappe ses deux officiers, le lieutenant Touchon et le sous-lieutenant Chevalier qui, stylés par lui, se sont partout, en colonne et au feu, distingués par leur courage et leur intelligence.

Le lieutenant Touchon, dit le sauveteur des Alpes, que le général en chef du 14e corps d'armée au défilé du départ de France, faisait sortir des rangs pour lui serrer la main, le féliciter de ses prouesses en montagne, et lui demander familièrement s'il avait songé à assurer avant de partir, les sauvetages de l'avenir dans les Hautes-Alpes. Eh bien, ce brave qui exposait si crânement sa vie pour arracher aux Alpes homicides ses victimes en danger, déployait au Maroc les mêmes qualités de courage et de dévouement pour l'honneur du drapeau et de la patrie. Porté trois fois pour capitaine à la suite de prouesses sans cesse renouvelées, à Tazzert, à l'Abreuvoir et tout particulièrement à Dechra-el-Braksa où, commandant la compagnie en l'absence du capitaine en permission !... il triomphait de la charge furieuse des Marocains, et intelligemment secondé par le sous-lieutenant Chevalier et le courage de ses chasseurs, il sauvait le convoi qu'il escortait.

Ces deux officiers si méritants proposés également pour l'avancement, ont été complètement oubliés.

C'est déplorable !...

Dans des situations semblables, hors de la métropole, un chef d'armée devrait avoir tout pouvoir de récompenser sans retard.

C'était le cas de conserver aux hommes, avec lesquels ils peinaient et triomphaient, ces trois valeureux officiers avec lesquels ils étaient habitués à braver les fatigues et l'ennemi.

Le capitaine de Reyniès conservait le commandement du bataillon où il servait depuis neuf années, qu'il connaissait bien, et qu'il avait par intérim si vaillamment par deux fois conduit au feu ; Le lieutenant Touchon, le héros de Dechra-el-Braksa, le remplaçait à la 2ᵉ, le sous-lieutenant Chevalier restait à la compagnie comme lieutenant et le sergent-major Planet comblait utilement la vacance Chevalier comme sous-lieutenant.

C'est en agissant de la sorte qu'on récompense vraiment, qu'on maintient la cohésion dans les troupes, et qu'on excite l'émulation en récompensant sans retard les actes de courage sur le théâtre même où ils se sont accomplis, en présence des troupes qui en ont été témoins.

Le tableau en campagne est plus nuisible qu'utile ; il est décourageant. Il n'a de valeur que lorsque la sanction arrive ; un caprice ministériel peut la faire attendre ou même la rendre illusoire. Exemple : M. le capitaine de Reyniès porté au tableau pour la croix de chevalier pour son fait d'armes de Tazzert, le *24 décembre 1912*, a sa poitrine encore vierge de toute décoration aujourd'hui *26 septembre 1913*. — Comble d'ironie, le 14 juillet dernier, il assistait en grande tenue de service, à la revue passée à Grenoble, lieu de sa garnison, et voyait décorer des officiers très méritants sans doute et sans doute aussi très recommandés, dont un chef de musique, d'une ancienneté égale à la sienne, mais qui n'avaient fait campagne qu'à Grenoble.

Il n'en était pas ainsi autrefois.

En 1870, je commandais cette même unité, la 2ᵐᵉ compagnie du 14ᵐᵉ en qualité de capitaine depuis 9 ans 1/2. A l'inspection générale de 1869, je n'avais pas été proposé pour chef de bataillon. J'avais devant moi aussi un capitaine adjudant-major, mon ancien de St-Cyr, candidat du général Lapasset et qui avait été maintenu par le général inspecteur. La guerre survint : le 16 août à Rézonville, grâce au courage de mes 120 braves chasseurs, j'eus la bonne fortune, moyennant une forte rançon de blessés et de tués — 42 chiffre officiel — de conserver le poste périlleux que m'avait confié le même général Lapasset. Blessé grièvement vers 7 heures du soir, je fus contraint à quitter le champ de bataille, mais avec la consolation de voir mes efforts couronnés de succès. — Le général ne nous oublia pas et *huit jours après*, le 24 août, bien que non proposé, je fus nommé chef de bataillon, mon lieutenant fut décoré, mon sergent-major nommé sous-lieutenant et une pluie de médailles s'abattit sur ma belle compagnie.

L'ancien candidat de Lapasset fait prisonnier et qui signa le revers, alla mourir capitaine en Afrique.

Enfin, une citation à l'ordre de l'armée du Rhin, des plus élogieuses, et qui me fut tout particulièrement agréable, consacra le souvenir de ce fait d'armes dit de la Maison Blanche — Bataille de Rézonville —.

Choix et tableau se comprennent en temps de paix, il n'en est pas de même en campagne et hors de la métropole, où les actes de courage doivent être récompensés sans retard, en présence des troupes qui y ont collaboré.

Voilà la saine pratique d'une émulation bien comprise, et susceptible d'enfanter des héros.

Hélas ! l'affreuse politique a changé tout cela, la faveur règne en souveraine pour le plus grand préjudice de la Patrie. Les alléchantes promesses du tableau sont de décourageantes fumisteries, d'autant plus regrettables qu'en ce qui concerne le capitaine de Reyniès, elles lèsent un officier de carrière de

8.

grande valeur et qui a encore d'autres titres à l'intérêt de ses chefs.

Ainsi qu'on l'a vu au cours de ces correspondances, il a perdu trois membres de sa famille dont son grand-père le général Legrand, dans la funeste guerre de 1870. — Son père, blessé à St-Privat et fait prisonnier à Metz, fut interné à Cologne, où Madame de Reyniès, venue pour le soigner, l'a mis au monde. — Aussi bon patriote que bon militaire, il me disait, en me racontant cette particularité, qu'il était, par prédestination, né pour la revanche.

La revanche, hélas ! Qui y songe aujourd'hui ?... Pas le Gouvernement actuel, certes.

Gambetta disait qu'il fallait y penser toujours, et n'en parler jamais. Il y a quarante ans de cela, et grâce à tous les d'Estournelle de Constant, non seulement on évite d'en parler, mais on n'y pense plus hélas !!... et je ne vois pas bien parmi nos généraux actuels, celui qui fera revivre le mot d'ordre de Turenne si opportunément tiré de l'oubli par ce trop modeste capitaine dans sa lettre d'envoi de la médaille de 1870, que m'offrait sa compagnie.

> Il ne faut pas qu'il y ait un seul homme de guerre au repos en France, tant qu'il y aura un allemand en Alsace.

Puisse-t-il surgir avant que je disparaisse ?...

En attendant que Dieu protège ce qui reste de la France, et vive l'Alsace, vive la Lorraine quand même.

H. DE GARROS.
Commandant en retraite, né à Pau,
le 6 octobre 1830.

20 mai. Le général Mangin adresse l'ordre du jour suivant que je viens de recevoir, au 14ᵐᵉ bataillon alpins rentrant à Casablanca, je suis heureux de le reproduire.

ORDRE Nᵒ 6

Le 14ᵐᵉ chasseurs alpins, quitte le Tadla pour rentrer à Casablanca.

Le colonel Ch. Mangin, commandant la colonne, ne veut pas laisser partir cette belle troupe, sans la féliciter des brillantes qualités militaires dont elle n'a cessé de faire preuve au cours des opérations.

Sa discipline, son entrain, sa bravoure et son sang-froid, ont fait l'admiration de tous.

Le groupe alpin, uniquement dressé pour la guerre européenne, est venu au Maroc avec tous ses éléments ; artillerie, génie, mitrailleuses, postes optiques, qui se sont tous remarquablement pliés aux exigences de la guerre coloniale.

Ils ont prouvé, une fois de plus, que nos troupes de France, sont prêtes à justifier l'espoir que le pays met en elles.

Fait à Boujad, le 20 mai 1913.

Le Colonel Ch. MANGIN,
Commandant la colonne de Tadla.

Signé : Ch. Mangin.

DISCOURS DU GÉNÉRAL PAU

Voici le général Pau à la tribune. Comme disent les comptes rendus officiels : vif mouvement d'attention. Le général parle posément, sans gestes inutiles, mais d'une voix qui accentue et précise, aux endroits voulus, les arguments essentiels de sa thèse. Il est écouté avec une attention soutenue et, à maintes reprises, des marques d'approbation, des applaudissements nombreux soulignent ses paroles.

Il est certainement regrettable que le général Pau, en raison de son indisposition et aussi de l'attitude inqualifiable de l'extrême gauche, n'ait pu faire à la tribune de la Chambre la démonstration technique si impressionnante qu'il a apportée hier au Sénat. Peut-être eut-il obtenu que la loi votée ne soit pas, sur tant de points, une loi d'expédients désastreux, une loi de réclame électorale, une loi morte quant aux résultats utiles que la défense nationale devait en recueillir.

Du moins aucune responsabilité ne pèse, de ce fait, sur les chefs de l'armée. sur le Conseil supérieur de la guerre. C'est leur voix que le général Pau a fait entendre hier. Ils avaient fait tout leur devoir, il a fait tout le sien. Si des à-coups surviennent, si cette loi de salut national ne répond pas à ce que le pays attendait, c'est aux parlementaires seuls, c'est aux politiciens seuls, trop soucieux de leur intérêt personnel, trop oublieux de l'intérêt national, que la France devra demander des comptes.

Tout de suite, le général Pau précise l'objet du débat au point de vue militaire :

LE GÉNÉRAL PAU. — Dès le début de ces explications, je dois commencer par poser en fait que, dans l'organisation d'une armée, on doit surtout tenir compte de l'adversaire auquel cette armée aura à faire face. C'est donc l'armée allemande que j'envisagerai, c'est à elle que je comparerai la nôtre, et c'est par rapport à cette armée que j'apprécierai les conditions auxquelles doivent satisfaire notre organisation militaire et notre mode de recrutement.

Et la comparaison entre notre armée, sous le régime de la loi de 1905 et l'armée allemande, transformée par la loi que le Reichstag a votée le 30 juin dernier, s'établit fort clairement par des chiffres.

LE GÉNÉRAL PAU. — La comparaison, pour être concluante, doit porter, non seulement sur les effectifs des deux armées actives en présence, mais aussi sur ceux des réserves. Dans certains milieux, en France, on est porté à considérer que si notre armée active ne peut pas égaler celle de l'Allemagne, nos réserves nous mettent en mesure de balancer la supériorité numérique de nos adversaires éventuels. C'est une erreur.

Après la mise en application de la loi 30 juin 1913, l'armée active allemande comptera 830.000 hommes de troupe encadrée par 40 à 41.000 officiers. En face de cette formidable masse, quel effectif sommes-nous en mesure d'aligner par le jeu de la loi de 1905 ?

Il n'est pas possible, bien entendu, de faire état de nos troupes indigènes d'Algérie, ni de nos troupes noires, qui n'ont pas, dès l'abord, leur place sur le champ de bataille du continent.

Ces éléments déduits, il reste 530.000 hommes, dont il faut encore défalquer les 50.000 hommes de troupes européennes, stationnés dans l'Afrique du Nord et qui ne pourraient dans le cas d'une guerre, regagner en temps opportun la mère-patrie. C'est donc seulement de 480.000 hommes que nous disposons. L'armée active allemande comptera par suite, bientôt 350.000 hommes de plus que l'armée active française.

Ces chiffres se passent de commentaires. (Très bien ! très bien !)

Si nous comparons maintenant les réserves que cha-cun des deux pays peut mettre en ligne, l'écart que nous venons de constater persiste à notre désavantage.

En France, nos 24 classes de réserve forment un total de 3.978.000 hommes exercés. Mais il faut remarquer qu'une fraction importante de ces soldats du deuxième et du troisième ban n'a accompli qu'une année de service actif.

En Allemagne par suite de l'incorporation à 20 ans, il existe 25 classes de réserves, dont l'effectif total s'élève à 4.370.000 hommes ; il est donc supérieur de 400.000 hommes à celui des réserves françaises.

Ce n'est pas tout. Il faut envisager l'avenir. Nos réser-ves ne sont pas susceptibles de s'accroître. Nous incor-porons chaque année dans l'armée active la totalité des hommes reconnus bons pour le service.

Nous faisons le maximum de ce que nous pouvons faire.

Nous avons eu recours, le général Pau l'indique, à tous les expédients possibles pour grossir nos effectifs. La loi nouvelle y fait figurer, en prolon-geant jusqu'à quarante-sept ans la durée du service, 300.000 hommes que leur âge rendra peu utilisables pour la mobilisation.

Le Général Pau. — Au contraire, l'Allemagne verra sans cesse ses réserves augmenter. Jusqu'ici elle n'incor-porait pas tous les hommes bons pour le service.

Mais la loi nouvelle marque un pas dans cette voie. Elle dispose que les 63.000 hommes valides qui, chaque année, échappaient au service militaire, seront incorporés.

Dorénavant, au fur et à mesure de la mise en application de la loi, chaque classe de réserve s'accroîtra donc d'une soixantaine de mille hommes.

En sorte qu'en 1937, au moment où la loi de 1913 aurait fait sentir son effet sur l'ensemble des classes de la réserve, l'Allemagne disposera au total de 5.450.000 hommes.

Sur le terrain des réserves, nous ne sommes donc pas dans une autre posture que sur le terrain de l'armée active.

Quelle est donc la conclusion à tirer de ces calculs impitoyablement logiques et vrais ? Avec une émotion éloquente qui souleva les applaudissements du Sénat, le général Pau l'indique en ces termes :

LE GÉNÉRAL PAU. — La première conclusion, c'est qu'un effort s'impose à la France — effort n'ayant comme limites que les limites mêmes de sa natalité, de ses ressources financières, des nécessités de sa vie sociale, — si la France n'entend pas abdiquer, si elle n'accepte pas l'idée d'être rayée de la liste des grandes nations. (Applaudissements).

Une seconde conclusion s'impose ; c'est que nous sommes battus, quant au nombre, qu'il s'agisse des effectifs de l'armée active ou de ceux des réserves. Ce n'est donc pas dans le nombre que nous devons chercher notre force (Très bien !) mais dans la qualité de nos troupes. (Très bien ! — Applaudissements).

Notre but doit être de mettre sur pied une organisation qui augmente la valeur et l'accroissement de la valeur de nos troupes, tant actives que de réserve. (Très bien !)

Le général proteste énergiquement contre le singulier langage de certains orateurs de la Chambre qui ont dénoncé « le dédain de l'armée active pour les réserves ». L'état-major compte sur les réserves, au contraire, et les emploiera de façon effective dès le début des hostilités. Mais il faudra le temps de les réunir, de les équiper, de les mettre en état de marcher. Elles ont leur rôle assigné, rôle important, dont l'essentiel sera de fournir aux points d'appui indispensables à l'armée active tous les éléments de résistance nécessaires et d'assurer la défense du territoire.

Du fait de notre infériorité numérique vis-à-vis de l'Allemagne, doit-on conclure que nous devons renoncer à tout espoir de victoire et nous cantonner dans une défensive résignée ? Non pas.

Le Général Pau. — L'histoire militaire enseigne que la victoire n'est pas toujours assurée aux plus gros bataillons. Sur les champs de bataille interviennent des facteurs autres que les effectifs. D'abord la qualité des troupes.

C'est dans une augmentation de la valeur guerrière de nos soldats que nous devons chercher une compensation à notre infériorité numérique. Or, la qualité d'une troupe est fonction de deux éléments principaux : l'instruction et la cohésion.

Ces deux éléments se développent simultanément dans une même mesure, à la condition *que les soldats composant une unité soient constamment sous les ordres d'un même chef*. La réunion des mêmes hommes sous les ordres d'un même chef ne peut être réalisée que par ce que nous appelons « *l'autonomie de l'unité* », c'est-à-dire la constitution d'un groupement assez nombreux pour qu'il puisse se suffire à lui-même.

Vous comprenez ainsi, messieurs, que l'autonomie de l'unité ne peut être réalisée qu'avec des effectifs suffisants, des effectifs notablement supérieurs à ceux dont l'armée française se trouve disposer actuellement.

C'est guidé par ces préoccupations, que le conseil supérieur de la guerre a fixé les effectifs minima des troupes de l'intérieur et des troupes de couverture. La loi de 1905 ne suffisant plus à nous les donner, il fallait inévitablement incorporer un troisième contingent.

Ce troisième contingent, versé dans les troupes de l'armée active, nous permet d'améliorer, non seulement celles ci, mais les réserves.

Dans le système de la nation armée, en effet, l'armée active a un rôle multiple : elle est la grande école d'instruction des forces militaires du pays ; les plus jeunes classes des réserves viennent dans son sein accomplir les exercices et les manœuvres où se retrempent leurs qualités militaires.

C'est auprès des troupes de l'active que les corps autonomes de la réserve et de la territoriale viennent prendre leur appui, retrouver la tradition, apprendre les règlements nouveaux et chercher des instructeurs supplémentaires.

L'activité est en même temps la pépinière des gradés, non seulement de ceux qui sont nécessaires à ses propres cadres, mais de ceux qui le sont aux cadres de la réserve et de la territoriale.

Par sa permanence, elle sert d'élément de cohésion. Seule, enfin, elle peut fournir les troupes de couverture qui, en recevant le premier choc de l'ennemi permettent à la mobilisation et à la concentration de s'effectuer en toute sécurité.

Ainsi les progrès réalisés dans la constitution de l'armée active ont une répercussion immédiate sur l'armée tout entière. En augmentant la durée du service dans l'armée active, on augmente l'instruction individuelle de tous les hommes mobilisables. On augmente ainsi la valeur des cadres et l'élément de cohésion de chaque unité.

Et par l'augmentation des effectifs se trouve résolue une des plus graves questions du problème mili-

taire actuel, celle des troupes de couverture. La loi
allemande nous met en présence d'une situation de
fait singulièrement aggravée. Elle couronne une longue série d'efforts pour aboutir à ce double résultat :
augmenter la valeur de l'armée allemande et augmenter le chiffre de ses effectifs.

Sous le nouveau régime allemand, les corps de
cavalerie des troupes de couverture sont tous portés
à l'effectif fort. De même pour l'infanterie et la cavalerie. En sorte que leur mobilisation peut s'effectuer
en quelques heures. En voici la démonstration :

Le Général Pau. — Jusqu'à présent, le mode de
constitution de la couverture imposait l'obligation de
n'effectuer la mobilisation qu'en deux échelons, par suite
de la nécessité d'incorporer un certain nombre de réservistes tirés de l'intérieur. Désormais, la mobilisation de
la couverture, s'opérant avec l'appoint de réservistes de
la région même, pourra être réalisée en quelques heures.

On se rend compte de la nécessité que cette réforme
nous impose d'augmenter, nous aussi, nos effectifs, si nous
voulons pouvoir, comme nos voisins, nous affranchir de
l'entrave des deux échelons, auxquels notre mobilisation
est assujettie.

Pour les troupes de l'intérieur, la loi allemande
porte les compagnies d'infanterie de 140 hommes à
160. Résultats : autonomie complète des unités,
accroissement de leur cohésion, mobilisation beaucoup plus rapide. Et il faut ajouter qu'en Allemagne
l'encadrement en sous-officiers est beaucoup plus lar-
gement assuré que chez nous, que les réserves immédiatement mobilisables sont composées d'éléments
plus jeunes, qu'enfin l'artillerie disposant d'un nombre plus grand de chevaux peut pousser plus activement sa préparation à la guerre.

Le Général Pau. — De tout ce que je viens de vous
dire, nous croyons pouvoir déduire que la loi de 1913 permet à l'Allemagne d'avancer de deux jours sa mobilisation.

Mais je ne vous ai parlé que de l'armée active.

Et, pas plus que nous, l'Allemagne ne néglige ses
réserves. Le nombre des hommes instruits versés dans
la réserve sera augmenté de 63.000 par an. Un plus grand
nombre de réservistes sera appelé chaque année pour des
périodes d'exercices et les cadres complémentaires ren-
forcés.

En résumé, les troupes allemandes de couverture pourront entrer en campagne en quelques heures. Nous devons
donc tenir compte d'une possibilité d'attaque brusquée.
(Très bien !) Quant aux troupes de l'intérieur, elles seront
plus cohérentes, mieux instruites, plus rapidement mobilisables. Enfin, les réserves sont organisées plus fortement chaque jour. L'Allemagne dispose d'un instrument
d'offensive de premier ordre, tel qu'il n'y en a pas eu en
Europe depuis Napoléon. (Mouvements.)

Le général Pau montre alors que la doctrine militaire allemande répond de point en point à l'effort
matériel accompli, en précise le but :

Le Général Pau. — Il faut voir maintenant quel est
l'esprit qui mettra en branle cette machine de guerre si
formidable Je ne répéterai pas ici les citations abondan-
tes qui ont été faites dans les journaux et à la Chambre ;
elles montrent que les chefs de cette armée sont animés
d'un esprit d'offensive, non seulement stratégique, mais
politique.

Je me contenterai de vous apporter cet extrait d'un
ouvrage classique du maréchal von der Goltz, sur la
Conduite de la guerre, car il exprime les idées qui sont
celles de tous les écrivains militaires allemands.

« Un peuple, dit von der Goltz, qui, dans son dévelop-
« pement historique, en sera arrivé à l'inertie, puis au

« recul, n'aura pas une politique offensive, et dès lors il
« ne fera la guerre qu'à son corps défendant ». Vous
voyez, messieurs, à quel peuple s'adresse cette allusion.

« De ce fait seul, continue von der Goltz, il résulte
« qu'à cette nation s'impose une attitude stratégique dé-
« fensive, et comme conséquence, l'adoption de la défen-
« sive tactique. Au contraire, à des nations qui tendent
« à un développement politique vigoureux, visant à tel ou
« tel but positif, l'offensive politique impose l'offensive
« stratégique ».

Et il ajoute, dans un autre passage: « Il faut recon-
« naître que la manière de conduire la guerre est la con-
« séquence et la continuation d'une politique. La guerre
« sera menée offensivement ou défensivement, suivant
« qu'en politique on aura agi offensivement ou défensi-
« vement ».

Ces citations font ressortir la corrélation étroite qu'il y
a entre l'idée et l'action politiques et l'idée et l'action
stratégiques. Si cette conception est exacte et si la pensée
stratégique de l'Allemagne correspond à sa pensée politique, est-ce que l'effort considérable que vient de s'imposer l'Allemagne n'est pas de nature à appeler toute notre
attention ? (Très bien! très bien!)

Et voici la conclusion, tragiquement éloquente dans
sa simplicité de ton et de langage, que le général Pau,
applaudi par l'assemblée tout entière, formule avec
une conviction d'autant plus émouvante qu'on la sent
inspirée à ce soldat par l'unique souci du devoir
patriotique :

Le Général Pau. — Quittons l'Allemagne ; passons
en France. Tous les orateurs qui se sont succédé à la tribune de la Chambre ont été unanimes à proclamer les
intentions pacifiques de la France. En cela ils ont été les
interprètes fidèles de la nation entière. La République ne
songe, cela est clair, à provoquer personne. (Très bien!)

Mais cette volonté affirmée de répudier toute initiative belliqueuse a pour l'organisation de nos forces des conséquences qu'il faut envisager. Le fait qu'il est entendu que nous laisserons à d'autres l'initative et la responsabilité de la rupture nous oblige à avoir une armée toujours prête à la riposte, qui réalise un équilibre permanent, au point de vue de l'instruction et de la mobilisation, avec les forces allemandes.

Ici un incident surgit au sujet du renvoi de la classe de 1910 et l'incorporation anticipée de la loi de 1913. Le général Pau venait de dire qu'il ne faut à aucun prix, dans notre réorganisation militaire, laisser ou créer dans notre armée « un point de moindre résistance ». Et c'est un radical combiste, adversaire de la loi de trois ans, qui, naturellement, soulève l'incident :

M. CORNET. — C'est pourtant dans cette situation d'infériorité dont vous signalez le danger que nous allons nous trouver le 15 novembre, après le départ de la classe 1910. (Très bien ! à l'extrême gauche et sur de nombreux bancs à droite).

LE GÉNÉRAL PAU. — A ce moment, en effet, nous traverserons une période de transition. Mais quelles sont les réformes que l'on peut, du jour au lendemain, réaliser dans leur intégralité ? (Très bien ! très bien !).

M. CLEMENCEAU. — Il dépendrait cependant de nous d'éviter, en l'espèce, cette période transitoire où, au lieu de deux classes instruites dont vous proclamez la nécessité, nous n'aurons qu'une classe mobilisable et deux classes de recrues. (Très bien ! très bien !)

M. BARTHOU. — Le gouvernement présentera, le moment venu, toutes les explications qu'il doit au Sénat. (Mouvements divers).

LE GÉNÉRAL PAU. — Je le répète, le souci de la paix,

aussi bien que celui de la plus élémentaire prudence, nous commande de ne nous mettre à aucun moment, vis-à-vis de l'adversaire, dans un état d'infériorité.

Il n'est qu'un moyen de maintenir la paix ; il faut que nous soyons forts, mais il faut aussi que l'adversaire ait le respect de notre force. (Très-bien ! très-bien !) Le sentiment du risque à courir l'arrêtera sur la pente des velléités belliqueuses, (Très-bien ! très-bien !)

Eh bien ! cet équilibre nécessaire ne sera maintenu que si les variations de notre état militaire au cours d'une année se produisent parallèlement aux variations de même ordre dans l'armée ennemie.

Actuellement, cette condition est réalisée.

Les deux pays suivant le même cycle, l'équilibre est établi. Actuellement, le cycle allemand est, je le répète, identique au cycle français.

Tout serait compromis s'il n'y avait plus identité de cycle des deux côtés, si on changeait d'un seul côté la date de l'incorporation et de la libération. Cette rupture d'équilibre profiterait à l'armée susceptible de prendre l'offensive, d'où intérêt pour nous de ne pas provoquer cette rupture.

J'en déduis la nécessité d'imposer chez nous au troisième contingent une pleine année de présence sous les drapeaux. Voilà la raison capitale pour laquelle le conseil supérieur de la guerre a rejeté les services de trente et de trente-deux mois.

On ne manquera pas de voir là, et avec raison, une opinion peu favorable à l'incorporation à vingt ans — sinon même une critique directe des inconvénients certains que cette mesure présente.

COMMENTAIRES

M. Barthou avait dévolu au général Pau la lourde
charge de démontrer au Sénat l'impérieuse nécessité du
service de trois ans, pour répondre à la menace allemande.

Cet officier général s'acquitta brillamment de sa tâche
et mérita les applaudissements unanimes qui saluèrent
sa péroraison.

Un seul incident surgit au cours de cette séance mémo-
rable. Comme il venait de dire qu'il ne fallait à aucun
moment dans notre réorganisation des effectifs, laisser se
créer dans notre armée, un moindre point de résistance,
M. le sénateur Cornet, radical unifié, l'interrompit pour
s'écrier :

« C'est pourtant dans cette situation d'infériorité dont
« vous signalez le danger, que nous allons nous trouver
« le 15 novembre, après le départ de la classe 1910. »

Nombreuses marques d'approbation et réponse hési-
tante du Général : *qu'aucune réforme ne peut être réalisée du jour au lendemain dans son intégralité.*

Alors, M. Clémenceau intervenant de s'écrier :

« Il dépendrait cependant de nous, d'éviter en l'espèce
« cette période transitoire ou, au lieu de deux classes
« instruites dont vous proclamez la nécessité, nous n'au-
« rons qu'une classe mobilisable et deux classes de
« recrues. » (Nombreuses approbations.)

Prévenant la réponse du Général, M. Barthou de s'écrier :
*Le Gouvernement présentera, le moment venu, toutes les
explications qu'il doit au Sénat.*

Le général Pau reprend son discours et insiste sur sa
présente déclaration dans ces termes prononcés d'une
voix ferme et bien scandée :

« Je le répète, le souci de la paix aussi bien que la
« plus élémentaire prudence, nous commande de ne nous
« mettre à *aucun moment* vis-à-vis de l'adversaire dans
« un état d'infériorité. Il faut que nous soyions forts,
« mais il faut aussi que notre adversaire ait le respect de
« notre force. »

Des très-bien ! très-bien ! de tous les côtés de la salle
saluent cette franche et catégorique déclaration qui est
sans ambages le désaveu de la libération de la classe de
1910 et de l'incorporation des recrues de 20 ans qui doivent nous créer une transition critique, et ouvrir pour
les cadres une période d'instruction trop laborieuse,
écrasante et trop hâtive. Il est à souhaiter qu'après mûres
réflexions, M. Barthou mieux inspiré, ne nous expose
pas au péril si crânement souligné. Qu'il revienne, coûte
que coûte, à sa première et patriotique initiative, le
maintien de la classe 1910, pendant le temps nécessaire à
assurer de façon sérieuse, la sécurité du Pays.

C'est pour la France, une question de vie ou de mort,
que cette liquidation du traité de Presbourg et de la
revanche d'Iéna qui se continuent, que la Prusse ne considère que comme des intermèdes désastreux pour elle,
insuffisamment vengés en 1870.

Elle entend régler définitivement le différend à son
profit.

Soyons forts, dit le général Pau ; c'est l'avis et le désir
de tous les patriotes. Mais l'augmentation des effectifs
est-elle suffisante pour l'être efficacement ?

Nous ne le pensons pas : c'est le relèvement moral de
notre armée et sa réorganisation complète qui s'imposent
impérieusement et sans tarder.

A des effectifs suffisants, il faut des cadres correspon-
dants et nous en manquons totalement, ne sachant où les
trouver, même avec les plus alléchantes et les plus rui.
neuses promesses.

Ayons le courage d'envisager froidement la question,
et convenons que : depuis le capitaine, jusqu'au dernier

sous-officier, chacun cherche à s'évader de l'armée actuelle
où il n'a, avec en moins l'idéal et le prestige d'antan, ni
solde, ni avancement suffisants et la perspective de basses
opérations policières.

Les généraux et les officiers supérieurs subissent aussi
impatiemment la situation diminuée qui leur est faite par
les règlements et ordonnances actuels qui sont une atteinte
à leur dignité, et qui font que le plus brillant d'entre eux,
suivant l'heureuse inspiration d'un humoriste, marche
après le plus humble des Préfets des Alpes les plus
basses.

Sursum corda, citoyen Barthou, mon éminent et illustre
compatriote, car je suis Béarnais [1], chassez cette han-
tise des élections de mai 1914 pour ne songer qu'à la
France en péril et revenez à votre première et patriotique initiative, le maintien de la classe 1910 pendant le
temps nécessaire à assurer de façon sérieuse la sécurité
de la Patrie.

Que ce soit votre seule préoccupation en face de la
menace allemande : faites décréter l'entière et immédiate
réorganisation de l'armée et rendez-nous celle d'avant la
monstrueuse affaire, l'armée de Bétheny, si disciplinée,
si française, de glorieuse mémoire. C'était encore la
grande muette, toute à son devoir patriotique. Elle avait
su mériter l'admiration des délégués militaires du monde
entier.

Il ne lui manquait qu'un grand état-major général,
pour la rapprocher de la redoutable organisation allemande. Cette lacune subsiste, pourquoi ne pas la combler ?

Il suffit de soustraire l'armée aux influences politiques
et parlementaires, en la dotant d'un grand état-major
placé sous l'autorité directe du chef de l'État et ne rele-
vant du Ministère de la Guerre ou de la Marine que pour
les questions d'administration.

On mettrait à la tête un général choisi par le conseil

---

(1) Né à Pau, le 6 octobre 1830.

supérieur de la guerre, et on lui laisserait le choix de ses collaborateurs.

Sa mission consisterait exclusivement dans la préparation à la guerre et dans l'étude des questions s'y rattachant. Son rôle serait celui du Danois de Moltke auprès de Guillaume Ier en 1870, rôle qu'il a, hélas pour nous !..... magistralement rempli, malgré ses *74 ans*.

Ce qui m'amène à condamner la limite d'âge réglementée, qui protège uniquement les insuffisants et les infirmes, et nous prive de généraux susceptibles de rendre encore d'éminents services. Tels étaient les Négrier, les Baillou et tel sera demain le général Pau, dont tous se plaisent à reconnaître la supériorité et la vigueur.

Enfin, soyons unis, forts et audacieux et je conserverai l'espoir de voir avant de m'en aller dans l'au-delà, mon Fanion vert claquer au vent dans Strasbourg et dans Metz.

Quel émouvant et patriotique mirage ?!!.....

H. G.

MAXIMES UTILES

La perspective de la guerre est le souverain tonique des races. — DE MOLKE.

❧

Les Nations qui prétendent faire de l'état de paix leur état normal, et qui sacrifient à cette prétention la moindre rancune, la moindre ambition, celles-là sont vouées à une décadence prochaine.

❧

Ce n'est pas assez de nous préparer à nous défendre si nous sommes attaqués ; il faut aussi nous préparer à l'attaque.

❧

Une grande nation comme la nation française, ne doit pas avoir seulement le souci de vivre, elle doit, sous peine de dégénérer, être influente et..... respectée.

❧

Dire à des hommes que le rôle offensif ne sera jamais le leur, c'est amoindrir leur virilité.

❧

Chacun chez soi dans son parti, tous ensemble pour la Patrie. — M. HUBERT.

Cette maxime ne saurait s'appliquer à l'armée qui doit redevenir et rester la Grande Muette, toute entière à la Patrie. — H. G.

❧

Alsace, d'origine Gauloise, appartient à la France depuis le traité de Westphalie en 1648.

Elle est située entre les Vosges et la rive droite du Rhin.

Elle a 200 kilomètres de long sur 50 kilomètres de large. — Sa population était, avant 1870, de 1.017.466 h. Aujourd'hui... ?..... Demain ?.....

⚜

DEUX VÉRITÉS

Ce que rappelle ce passé douloureux et glorieux, c'est que, si grands que soient les maux que la guerre entraîne ce n'est pas la mort seule qu'elle sème sur ses pas, mais que, pour les Nations victorieuses, elle est génératrice de vie, de fécondité, de prospérité et de force. — LYAUTEY.

⚜

Ma profession n'est ni de haïr, ni d'aimer la guerre, mais de me trouver prêt à la faire.

Le développement des forces morales, importe plus que celui des forces matérielles. — LYAUTEY. — *(Pas trop de circonstance)*.

⚜

LORRAINE

Donnée au roi de Pologne Stanislas Leczinski qui mourut en 1736. Elle revint à Louis XV, roi de France. qui avait épousé sa fille, Marie Leczinska.

⚜

La caractéristique du gaulois a toujours été la franchise et la probité.

⚜

DÉDIÉ AUX PACIFISTES

La guerre, c'est la vie, malgré la mort qu'elle sème autour d'elle ; c'est la vie morale qui importe plus que la vie physiologique.

Les peuples meurent de mollesse, de paix, d'abjections diplomatiques et ressuscitent par la guerre.

Ils lavent leurs pourritures dans le sang qu'ils versent et ils guérissent.

Et cela sera vrai jusqu'aux désirables jours de la paix universelle......... encore lointains ! ! !.......

BARBEY D'AUREVILLY.

(Extrait de « l'Esprit »).

UN SABOTAGE ADMINISTRATIF

Un brevet de la médaille commémorative de la guerre franco-allemande, signé par le Ministre de la Guerre le 10 juillet 1912, envoyé par la Grande Chancellerie de la Légion d'honneur le 22 août suivant à la Préfecture des Alpes-Maritimes qui l'a expédié le 23 à la mairie de V*** distant d'une vingtaine de kilomètres, n'est parvenu au destinataire, domicilié dans cette localité, que le 9 décembre 1912, dans les conditions les plus étranges.

Il avait dû faire le tour du monde.

H. G.

Après avoir passé à Nice l'hiver 1911-1912, j'avais réintégré la villa Beau-Séjour, mon domicile légal à V***, également dans les Alpes-Maritimes.

J'y étais installé depuis juin 1906, et y exerçais mes droits civils et civiques.

Ancien combattant de 1870, j'avais droit au brevet de la médaille commémorative de la guerre franco-allemande. Une circulaire ministérielle réglait les démarches à faire pour l'obtenir.

Pour m'y conformer, j'envoyai à M. le Maire de ma localité, sous pli cacheté, un dossier contenant les pièces justificatives de ma demande que ce magistrat devait envoyer au Ministère de la Guerre pour y être contrôlés.

Les droits du postulant reconnus valables, le Ministère établissait le brevet et l'expédiait ensuite à la

Grande Chancellerie qui l'enregistrait, lui donnait un numéro d'ordre et l'expédiait à son tour à la Préfecture d'où ressortissait la mairie expéditrice, qui le remettait à l'intéressé.

Le lendemain de mon envoi, le sergent de ville me rapportait mes pièces, sans lettre d'envoi ni explications, se bornant à me dire de la part du Maire, de me présenter à la mairie.

Très offusqué de ce sans-gène, je n'eus garde de me rendre à l'invitation et je résolus de me passer de l'intermédiaire de ce magistrat incorrect et de m'adresser à la Société des Officiers retraités de Nice, dont j'étais membre.

Dare, dare, j'allais trouver le Trésorier, l'excellent capitaine Béjouy, toujours prêt à obliger, le priant d'obtenir du Président, le colonel B***, qu'il fut établi une demande collective pour les anciens combattants de la Société, ce qu'autorisait d'ailleurs une circulaire du Ministre de la Guerre.

Inutile d'insister, mon commandant, m'observa l'excellent homme : j'ai déjà proposé cette solution au colonel, et il m'a envoyé promener en disant que chacun n'avait qu'à se débrouiller, que cela ne le regardait pas.

Comment, objectai-je, et le paragraphe 4, de l'article 16 de nos statuts ?...

Je lui en ai donné lecture, mais vainement, il a refusé.

Tranquillisez-vous : nous nous passerons de lui en attendant que nous en soyons débarrassés, ce qui ne saurait tarder, car il est plus nuisible qu'utile à la Société.

Si vous voulez, mon commandant, je vais vous établir les pièces nécessaires, et je les porterai moi-même à la mairie de Nice où la complaisance et le désir de nous être agréable est de règle.

On les légalisera sans difficulté et on les enverra au Ministère de la Guerre. — Restez tranquille, je me charge de tout.

Je remerciai ce charmant camarade avec effusion, enchanté de n'avoir plus à m'occuper de cette affaire, sans me douter qu'elle me réservait d'autres surprises de plus en plus désagréables.

Nous étions alors à la fin d'avril. La première fois que je revis mon trésorier, dans le courant de mai, il me dit que mes pièces avaient été légalisées sans difficultés et expédiées le même jour à Paris.

Je le remerciai cordialement et je n'y pensai plus.

Dans le courant de juillet, j'eus occasion de retourner à Nice et de revoir le trésorier, le capitaine Béjouy.

Rien de nouveau, me demanda-t-il ? Non, lui dis-je, mais cela ne me surprend pas ; vu le grand nombre de brevets à délivrer. On les prodigue à tel point que le chiffre atteint plusieurs centaines de mille : je ne m'en étonne guère, car c'est une excellente réclame électorale. D'ailleurs je ne suis pas pressé et si je tiens à ce brevet qui finira bien par m'arriver, c'est qu'il me servira à authentifier la belle médaille qu'en décembre 1911, l'unité que je commandais en 1870 m'a envoyée.

Je ne le revis plus qu'au mois d'août, pour lui communiquer une lettre que je venais de recevoir et qui m'avait fort intrigué.

Le 25 août, mon facteur me remettait une lettre venant de X*** et dont je reconnus l'écriture de l'enveloppe comme étant celle d'un de mes amis. Je dépliai la lettre et fus ébouriffé de constater que l'écriture n'était plus celle de l'enveloppe et qu'elle m'était

complètement inconnue. Ma stupéfaction ne fit que
s'accroître en la lisant: Voici ce qu'elle m'apprenait,
s'adressant, non à moi, mais à l'ami qui me l'avait
envoyée.

« J'ai l'honneur de vous annoncer que le brevet de la
médaille commémorative de M. le commandant de
Garros, lui sera adressé cette semaine, par les soins du
Préfet des Alpes-Maritimes.

« Je suis heureux et certain de vous faire plaisir en
vous apprenant cette nouvelle ».

Votre dévoué,

X...

Ma surprise était extrême, car écriture et signature
ne me rappelaient rien de connu. Au verso, j'eus
l'explication nécessaire.

L'ami dont j'avais reconnu l'écriture sur l'adresse,
et dont naturellement je dois ici taire le nom par
crainte de représailles, bien que l'indiscrétion ou
plutôt la communication n'ait paru présenter aucune
gravité dans l'esprit de celui qui l'avait faite, ajoutait
les réflexions suivantes :

« Vous voyez en quelle estime on vous a ici : c'est un
secrétaire de la grande Chancellerie de la Légion d'honneur avec lequel j'ai d'excellentes relations qui m'écrit
cette lettre, très certain de m'être agréable, ce dont je
vais le remercier ».

Bien à vous,

X...

Et me voilà en plein imbroglio, et bientôt en plein
drame, ou du moins en pleine aventure qui aurait pu
finir mal, sans un heureux concours de circonstances

pour moi et pour le coupable du détournement qui va suivre.

Août s'est écoulé, septembre, octobre aussi ; nous sommes au début de novembre. De mon brevet, pas de nouvelles, je n'y pense même plus. Naturellement, je reste coi dans la crainte de compromettre l'auteur de l'avis du mois d'août, et je renonce à toutes démarches nouvelles.

Je ne comprends rien à cet étrange retard, d'autant plus étrange que deux habitants de V***, mes voisins, ont reçu le leur et les félicitations de la presse locale.

Je dois très certainement être victime d'une fiche politique, bien que rien puisse la justifier, mon attitude étant des plus correctes, au point qu'on ne peut me classer dans aucun parti et que mon patriotisme ne saurait être douteux.

J'ai mon franc parler certes, et c'est pour cette raison que je n'ai pas les sympathies du maire de ma localité, qui n'admet pas qu'on le discute et qui ne cesse de s'exposer à la critique : tantôt en disant qu'à la mairie, il est chez lui, paraissant ignorer qu'on l'appelle généralement *la maison commune ;* qui, autocrate, rend des ukases par lesquels il voulait interdire à V..., la chasse à tout citoyen étranger à notre localité, bien que muni d'un permis de chasse [1], alors que son autorité, aux termes de la loi qu'il ignore, ne peut s'exercer que sur les biens communaux. — Or, la commune n'en possède aucun et n'est guère en situation d'en acquérir, car son administration est telle, qu'un journal important et bien républicain, le *Petit Provençal*, a pu publier un article la visant et intitulé : *la caisse est vide,* etc., etc.

---

(1) S'il ne verse pas dix francs à la commune.

Tiens, mais j'y songe, si par hasard ?... mais non, c'est impossible !... c'est trop dangereux, si... c'était lui qui... Oh ! mais non, ce serait trop fort... attendons encore avant d'accuser...

Je relis la circulaire officielle relative aux brevets et de nouveau ce passage : la Grande Chancellerie renvoie les brevets aux préfectures qui les transmettent aux maires des intéressés. — !!... Diable, mais alors ?... Non rien, c'est trop grave, c'est impossible...

Telles étaient les hésitations que je subissais en novembre et que les événements qui allaient se succéder pendant ce mois, allaient changer en certitude.

Dans la première quinzaine de novembre, coup de théâtre à la Société des Officiers en retraite.

Fatiguée du sans-gêne tyrannique et de la mauvaise gestion de son président, elle se réunit en assemblée générale sous la présidence de son premier vice-président, et après un réquisitoire foudroyant de ce dernier, prononce la déchéance du colonel B... malgré ses protestations et lui donne à la presque unanimité pour successeur, le général de cavalerie de réserve Jacquin.

Présent à cette séance sensationnelle, cet officier général accepte, et remercie en fort bons termes assurant l'assemblée de tout son dévouement.

J'allais tout le premier, en ressentir les effets. Très actif, le nouveau président se mit aussitôt au travail, avec la résolution de rendre à cette belle Société son éclat du début et d'en réorganiser sérieusement les différents rouages, devenus sans objet pour son prédécesseur qui avait pour règle de n'y avoir jamais recours.

En prenant connaissance des registres et des pièces soumises à son examen, assisté du secrétaire général

et du trésorier, il remarqua et lui la lettre du secrétaire de la Grande Chancellerie de la Légion d'honneur que j'avais reçue au mois d'août et que j'avais
confiée au trésorier pour l'utiliser si cela devenait
nécessaire.

Au courant de ma déconvenue celui-ci lui en fit
l'historique. — Très intéressé et intrigué, le général
arrêta son examen et se rendit à la Préfecture où il
exposa le motif de sa visite.

On s'empressa de faire des recherches et on lui
donna tous les renseignements qu'il désirait.

Il me les transmit le jour même, par une lettre qui,
le lendemain, vint me surprendre et me stupéfia.

En voici l'exacte reproduction :

SOCIÉTÉ
des
OFFICIERS RETRAITÉS
DE NICE

Nice, le 24 novembre 1912.

MON CHER COMMANDANT,

J'ai l'honneur de vous faire connaître que la Société
s'est occupée de votre brevet de la médaille de 1870.

Les recherches faites à la Préfecture et à la Mairie de
Nice ont prouvé que la Préfecture a envoyé à la Mairie
de V*** votre brevet, mais comme vous étiez absent, il
a été adressé à Villeneuve ou *Villefranche de Messin* ?!!!
qui l'a renvoyé à la Préfecture.

A partir de ce moment, on perd les traces de votre brevet. — La Mairie de Nice, suppose qu'il est à la Mairie
de V***

Dans le cas contraire, adressez vous même à la Préfecture de Nice une demande de duplicata.

Veuillez agréer, mon cher Commandant, mes saluta-
tions empressées.

Le Général, Président,
JACQUIN.

Réponse à la lettre du général Jacquin :

Henri de Garros, Commandant en retraite,

à M. le général Jacquin, Président de la Société des Officiers
retraités de Nice.

MON GÉNÉRAL,

J'ai l'honneur de vous accuser réception de votre lettre du 24 novembre, et suis vraiment confus du dérangement que je vous ai involontairement occasionné.

Je ne renouvellerai aucune demande.

Il est vraiment misérable d'avoir l'air de courir après un jeton de présence qu'on transforme et dénature singulièrement.

L'envoi de la Grande Chancellerie à la Préfecture de Nice est du 26 juillet 1912, ainsi qu'en témoigne la lettre d'avis qui en émane, celle que vous avez trouvée dans les archives de la Société.

A cette date, j'étais présent à V***. J'y étais rentré dans la première quinzaine d'avril après avoir passé l'hiver à Nice, et je ne l'ai pas quitté un seul jour depuis.

J'estime que ce n'est pas à moi à réparer l'extraordinaire incurie de Monsieur le Maire qui m'est d'ailleurs des plus suspectes.

J'ai dans le passé à lui reprocher à mon égard d'autres actes de malveillance, et je considère l'incident actuel comme un réel sabotage.

Il est regrettable, d'autre part, que notre Président, votre prédécesseur, n'ai pas saisi cette occasion d'une démonstration patriotique collective.

En d'autres temps, je n'ai pas eu à demander mes médailles de Crimée, des Colonies et d'Italie qui m'ont été remises, les deux premières par les Corps où je servais, et la dernière, alors que j'étais retraité, par la gendarmerie de la localité que j'habitais.

Si le diplôme de la médaille de 1870 manque à ma collection, par suite de l'acte inqualifiable du maire de la localité où je suis domicilié, j'ai en revanche la médaille commémorative que m'a, le 2 décembre 1911, envoyée l'Unité que je commandais comme capitaine en 1870.

Cela me suffit, et la lettre collective qui accompagnait cet envoi, signée par les officiers, sous-officiers, caporaux et chasseurs, en consacreront l'origine et la valeur en l'absence du brevet officiel.

Veuillez agréer, mon Général, avec mes remercîments, l'assurance de mon respect et de mes sentiments reconnaissants et dévoués.

H. de G.

Commandant en retraite.

Villa Beauséjour, V***

Quoi qu'il en soit, je réfléchis que négligence ou sabotage, de semblables actes devaient être flétris pour en empêcher le retour.

J'allai trouver un conseiller influent et *indépendant* — rara avis — du Conseil municipal de V*** et lui contai l'incident. Je vais faire une enquête préliminaire, me répondit-il, et j'interpellerai le Maire en séance publique, le mettant ainsi dans l'obligation d'expliquer cet escamotage. Le cas est grave, prévu et puni par le code pénal, art. 173.

Tout juge, fonctionnaire, administrateur ou officier public qui aura détruit, supprimé, soustrait ou détourné les actes et titres dont il était dépositaire en cette qualité, ou qui lui auront été remis en communiqué à raison de ses fonctions, sera puni des travaux forcés.

Après cette démarche et en attendant le résultat, je me rendis chez mon notaire en qui j'ai la plus grande confiance, le mis au courant de la situation et le priai d'aller trouver le maire et de lui faire savoir que je lui donnais huit jours pour retrouver la pièce égarée par sa faute, ou celle de ses secrétaires.

Il me déclara qu'il allait s'adjoindre l'huissier de la localité et faire la démarche que je désirais.

Les huit jours écoulés, je revins trouver mon notaire qui me dit que l'adjoint s'était chargé de l'affaire et s'occupait activement des recherches. En réalité, j'avais fait une démarche à blanc. et on n'avait rien fait. L'adjoint, capitaine en retraite, ne s'était même pas donné la peine de venir me demander des explications. Bref le silence le plus complet continuait à régner, je compris qu'on m'opposait la force d'inertie et qu'on espérait que lassé j'abandonnerais mes recherches.

On se trompait lourdement et j'étais bien résolu à les poursuivre. Dans ce but j'écrivis à l'huissier, Me A***, de vouloir bien venir chez moi pour arrêter la procédure à suivre pour les poursuites judiciaires.

Je ne reçus aucune réponse et je constatai une fois de plus que dans ce radieux pays du soleil et du plaisir, les malfaiteurs, ou pour rester modéré, les malfaisants ont beau jeu pour narguer les honnêtes gens : tout s'arrange, même les crimes, avec l'appui politique.

Que d'exemples j'aurais à citer dont j'ai été le témoin révolté depuis douze ans que j'habite ce ravissant pays.

Nous sommes arrivés au 9 décembre et aucune solution. Enfin un nouveau coup de théâtre : l'*Auteur?* encore ce brave général Jacquin qui, malgré ma déclaration du 26 novembre de ne pas demander de duplicata, ou plutôt à la suite de cette déclaration, a continué son enquête et ses recherches. Il m'écrit à la date du 9 décembre :

Nice, 9 décembre 1912.

Mon cher Commandant,

A la suite de la réponse que vous avez bien voulu me faire le 25 novembre dernier nous avons fait de nouvelles recherches, et j'ai le plaisir de pouvoir vous faire connaître qu'elles ont abouti.

Votre brevet de médaille commémorative de la campagne 1870-1871 a été retrouvé à la préfecture.

Il y avait été renvoyé à la fin d'août dernier, par le maire de [1] *Villeneuve-de-Mégin* (Lot-et-Garonne) ?! où vous n'aviez pas été trouvé [1] ?!!!... et auquel il avait été adressé sur le renseignement qui avait été donné alors *par le propriétaire de la villa que vous habitiez à Nice.* — J'ai l'honneur de vous envoyer ce brevet et je vous serais reconnaissant de vouloir bien m'en accuser réception.

Veuillez agréer, mon cher Commandant, l'assurance de mes sentiments tout dévoués.

G^l JACQUIN.

35, rue Rossini.

Je m'empressai tout d'abord d'informer par la lettre ci-dessous mon futur interpellateur au conseil municipal, que son intervention n'avait plus d'objet, par la lettre suivante :

Cher Monsieur,

Je m'empresse de vous informer que je suis en possession du fameux document depuis hier soir à 5 heures ; il m'a été envoyé de Nice sous pli chargé, par le général Jacquin. — Cet excellent Président, après et malgré mon

---

(1) Absolument inconnu de moi. — Maire et localité.

refus de demander un duplicata à la Préfecture, s'était remis en quête et avait opéré ce miracle de le dénicher, après cinq mois de pérégrinations et de stationnements inconnus.

Je n'hésite pas à croire que ma menace de poursuites a opéré le miracle, et je persiste plus que jamais dans l'opinion qu'il y a eu un impudent sabotage.

Mais tout n'est pas fini : je vais à Nice ce matin par le premier train pour éclaircir un point resté obscur et qui serait le point de départ de cette petite gaminerie ressemblant, *d'assez loin pourtant*, à celles de Pégomas ; mais tout aussi mystérieuse et délictueuse.

Bref, votre intervention devient inutile puisque je suis en possession du corps du délit.

Il m'aura procuré le plaisir de faire votre connaissance. Tous mes remercîments.

H. de GARROS.

Je débarquai à Nice à 8 heures du matin : je me rendis immédiatement chez les propriétaires de la villa où j'avais passé l'hiver.

Je les mis au courant de la situation et attendis anxieusement leur réponse.

Elle fut ce que j'espérais, prompte et concluante : l'invention de l'adresse donnée était un mensonge de plus du ou des malfaiteurs de la Mairie de V***, en relations et avec la complicité d'un employé de la Préfecture, qui s'était prêté complaisamment à ce sauvetage in extremis.

La preuve : ma rencontre avec le prudent huissier de V*** pendant un arrêt du train, avec qui j'échangeai ces quelques mots. — Eh bien vous l'avez ce brevet ? Oui répondis-je. — Il ajouta : la Mairie vous l'a remis ? Non : c'est le général Jacquin. Le train s'ébranlant, notre entretien en resta là. — Il était au courant de la petite manœuvre.....

Mes braves ex-propriétaires, M. Fortis, ex-officier italien, âgé de 85 ans, encore très gaillard malgré son grand âge, et son excellente épouse de 20 ans moins âgée, étaient installés à Nice depuis l'annexion et y jouissaient d'une grande considération, surtout dans le quartier Saint-Lambert. Ils y possédaient une coquette villa et louaient deux appartements aux hivernants. Ils accueillirent mon récit avec étonnement et indignation.

Aucune personne, me déclarèrent-ils spontanément, n'est venue nous demander votre adresse, et si cette démarche s'était produite, nous ne pouvions en donner d'autre que celle de V*** où nous vous avons rendu visite. D'ailleurs, il nous eut suffi de la mener à votre ex-boîte aux lettres, sur laquelle se trouve encore votre carte indiquant la villa Beauséjour, à V***, avenue de la Gare.

Sans aucune difficulté, ils consentirent à certifier par écrit, revêtu de leurs signatures ce qui précède, et Madame rédigea laborieusement la déclaration suivante, qu'elle signa avec son mari. La voici :

Nous soussignés, Fortis, propriétaires de la villa Fortis, rue Lœtitia, avenue Saint-Lambert, déclarons sous la foi du serment, avoir logé dans notre villa, pendant les hivers de 1908 et de 1911, M. le commandant de Garros, habitant V*** où nous sommes allés le voir dans la villa qu'il occupe encore aujourd'hui.

Nous déclarons donc, ce qui est l'exacte vérité, que *personne ne s'est présenté à notre domicile* pour nous demander son adresse, et que si on avait fait cette démarche, nous n'aurions pu en donner d'autre que celle de V***.

Joséphine FORTIS.　　　　　Michel FORTIS.

C'était irrévocablement la condamnation de la Mairie de V*** ainsi convaincue de mensonge et de tentative de détournement d'une pièce officielle à elle confiée pour la remettre à son destinataire.

C'était bien un sabotage avorté, et j'étais en droit d'en poursuivre les effrontés auteurs. Je me contente de les clouer au pilori, en mettant leur méfait en pleine lumière.

Voilà l'étrange historique de mon brevet de la médaille commémorative 1870-71 qui, signé par le Ministre de la Guerre le 10 juillet 1912 et envoyé par la Grande Chancellerie le 23 août suivant à la Préfecture de Nice, ne m'est parvenu que le 9 décembre 1912 et dans des conditions étrangement équivoques. — Les coupables ont dû regretter de ne pas l'avoir envoyé dans l'Inde ou le Kamschatka, au lieu du Lot-et-Garonne.

Heureusement pour les honnêtes gens, les malfai... sants ne pensent pas à tout...

H. G.

www.ingramcontent.com/pod-product-compliance
Lightning Source LLC
Chambersburg PA
CBHW072106090426
42739CB00012B/2872